BIBLIOTHÈQUE D'HISTOIRE & DE GÉOGRAPHIE UNIVERSELLES

LE
MONDE POLYNÉSIEN

PAR

Henri MAGER

Explorateur

Ancien membre de la Section d'Océanie
au Conseil supérieur des Colonies

Avec 32 figures et 8 cartes

PARIS

LIBRAIRIE C. REINWALD

SCHLEICHER FRÈRES, ÉDITEURS

15, RUE DES SAINTS-PÈRES, 15

1902

BIBLIOTHÈQUE
D'HISTOIRE ET DE GÉOGRAPHIE UNIVERSELLES

VII

DU MÊME AUTEUR

OUVRAGES COLONIAUX

Cartographie coloniale :

1885. — *Atlas Colonial*, dressé et dessiné par Henri Mager, avec Notices historiques et géographiques, par MM. Félix Faure, Paul Bert, de Lanessan, de Mahy, Le Myre de Vilers, Henrique, Isaac, Émile Levasseur, Grandidier, amiral Aube, général Faidherbe; fort vol. in-4°.

1885. — *Atlas des Anciennes Colonies de la France.* Cartes publiées : Ile Maurice, Seychelles, Canada, Trinité, Petites Antilles ; format in-4°.

1887. — *Atlas Colonial*, édition populaire et classique : 20 cartes, 50 cartons, format in-4°.

1893. — *Géographie de la Guyane française*, volume in-4°, avec texte, cartes et gravures.

1894. — *Carte de Madagascar*, à l'échelle du 1:4.000.000e ; format demi-raisin.

1895. — *Esquisse ethnographique et politique de Madagascar*, au 1:4.000.000e.

1899. — *Nouvel Atlas Colonial*, à l'échelle uniforme du 1:8.000.000e, avec Cartes d'études au 1:2.000.000e et au 1:400.000e, avec Plans au 1:50.000e et Notices ; format in-4°.

1900. — *Carte des Communications télégraphiques :* câbles et projets.

1901. — *Atlas d'Algérie et Tunisie*, à l'échelle du 1:2.000.000e, avec Plans au 1:50.000 et Notices ; format in-4°.

Expansion coloniale :

1890. — *Les Droits Coloniaux de la France*, choix d'articles sur la Politique coloniale, écrits de 1879 à 1889 ; vol. in-16.

Administration coloniale :

1889. — *Les Cahiers Coloniaux de 1889*, ensemble de vœux formulés en 1889, sur l'initiative de M. Henri Mager, par les Conseils généraux, les Chambres de commerce et les Représentants élus des Colonies de la France ; volume in-12, 440 pages.

1895. — *Comment faut-il organiser Madagascar ?* volume in-12, précédé d'une Lettre de M. de Mahy (sept. 1895).

Récits et Impressions de voyage :

1898. — *La Vie à Madagascar*, volume in-8°, 330 pages, illustré de 150 photographies, d'après les instantanés de l'auteur.

Économie coloniale :

1897. — *Rapports de Mission*, adressés aux Chambres de commerce de Rouen et des Vosges ; 2 volumes in-8°, 224 pages, avec cartes, graphiques et gravures.

BIBLIOTHÈQUE D'HISTOIRE ET DE GÉOGRAPHIE UNIVERSELLES

LE
MONDE POLYNÉSIEN

PAR

HENRI MAGER

EXPLORATEUR
ANCIEN MEMBRE DE LA SECTION D'OCÉANIE
AU CONSEIL SUPÉRIEUR DES COLONIES

Avec 32 Figures et 8 Cartes

PARIS
LIBRAIRIE C. REINWALD
SCHLEICHER FRÈRES, ÉDITEURS
15, RUE DES SAINTS-PÈRES, 15
1902

POLYNÉSIENS DE TAHITI

LE MONDE POLYNÉSIEN

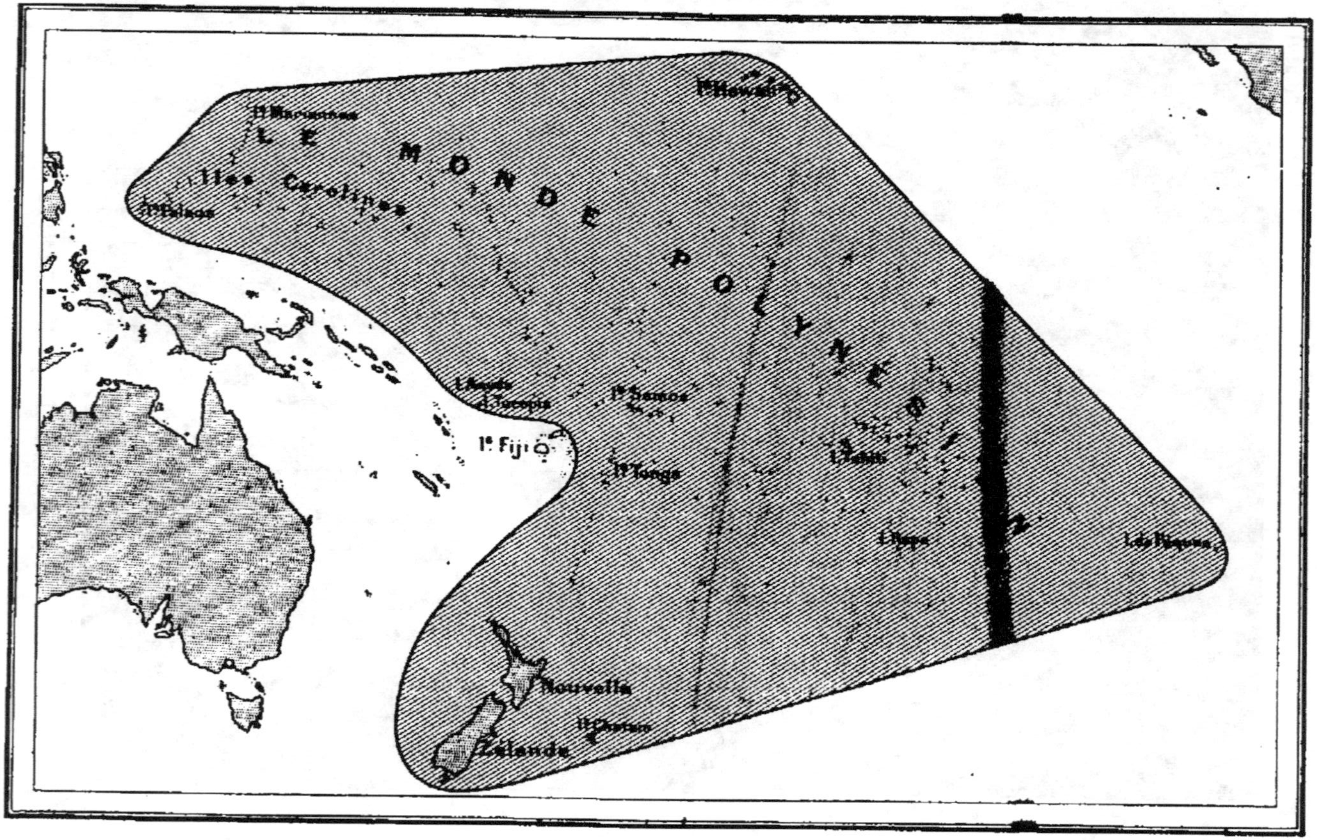

LE MONDE POLYNÉSIEN

CHAPITRE PREMIER

ORIGINE DES TERRES

De Paris à Papeete

Lorsque, tard dans la soirée, aux approches de minuit, je me dirigeais, le 14 juillet 1893, vers la Gare du Nord pour y prendre le Peninsular-Express, qui correspond à Brindisi avec les grandes lignes de navigation, dont les paquebots joignent l'Europe à l'Asie, à l'Australie, aux Terres du Pacifique, les rues étaient pleines d'une population grouillante, qui fêtait à sa manière le cent quatrième anniversaire de notre journée nationale ; à chaque carrefour, juché sur une estrade en planches, moins pittoresque que le tonneau des fêtes villageoises, un orchestre de cuivres bruyants, éclairé par quelques rangées de lanternes, entraînait, dans un large nuage de poussière, des danseurs et des danseuses, agitant, comme des possédés, leurs bras, leurs jambes, leur tête, leur corps, s'ingéniant en déhanchements désordonnés,

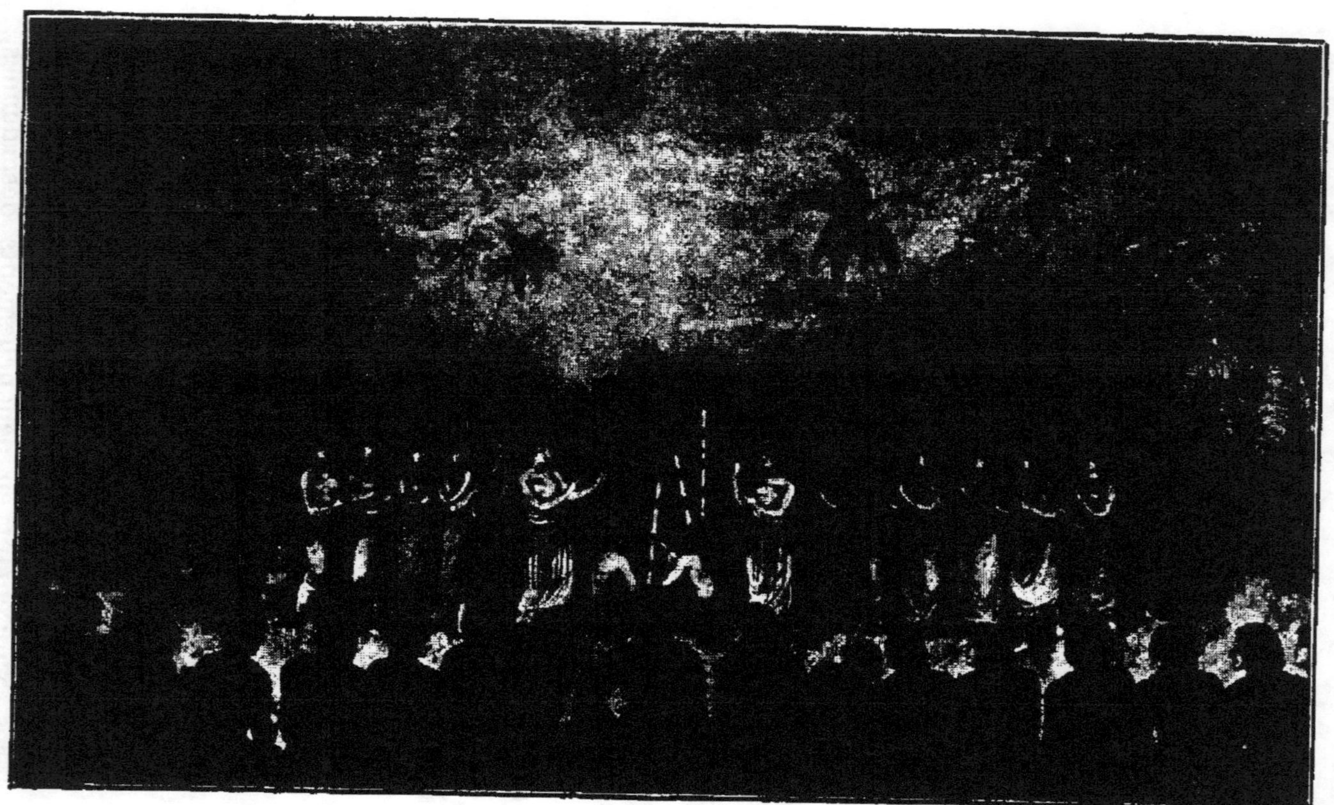

Iles Tonga. — *Pomee* (danse de nuit) des Polynésiennes.

en gestes baroques et sans rythme, en grimaces imbéciles, en rires inconscients.

Là-bas où j'allais, aux Antipodes, en Océanie, devais-je voir chez les sauvages des ébats plus barbares ?

Je me posais cette question, quelques instants plus tard, lorsque je m'étendis sur le lit étroit du sleeping-car, qui doucement roulait sur les voies de la Ceinture pour rejoindre les lignes du réseau de Bourgogne.

A Belleville, à Charonne, lorsque nous passons, les lampions flamblent ou s'éteignent ; la rumeur vague, qui s'élève du lointain, va s'affaiblissant ; le pont de la Marne franchi, c'est la nuit profonde, dans la campagne, dont les ombres fuient avec rapidité.

Deux jours après, le 16 juillet, le train avait franchi ses 2.200 kilomètres, et j'atteignais le talon de la botte italienne ; j'allais m'embarquer à Brindisi, dans le dessein de faire le grand tour de notre Planète, pour voir, à travers les deux hémisphères, les Colonies de la France et celles de nos rivaux.

Étudiant, le chemin des écoliers me tentait : je voulus d'abord visiter l'Inde. Quatorze jours de mer me conduisirent à Bombay. Je traversai le Deccan et toute la partie centrale des Pays indou, qui furent soumis à l'influence française vers le milieu du xviiie siècle, j'atteignis le Carnatic et je séjournai plusieurs semaines à Pondichéry pour causer avec les Européens, avec les Indiens renonçant à leur statut personnel, avec les Indiens de caste, qui constituaient à cette époque les trois facteurs politiques des Établissements français de ces territoires minuscules, qui, par un euphémisme naïf, ont été parfois appelés Inde française. Je ne parlerai pas dans ce volume des impressions de cette première étape de mon voyage, des fêtes qui furent données pendant mon séjour, de mes visites aux pagodes, des cérémonies si impressionnantes du culte de Brahma ; je ne veux analyser ni les coutumes des Indiens, ni la haute philosophie de leur religion ; j'ai conservé de Pondichéry, de Karikal, autre Établissement français, de l'hospitalité indienne,

Itinéraire de Henri MAGER.

un souvenir si excellent et si persistant que je souhaite revenir vers la Côte de Coromandel pour y revoir ceux qui m'ont accueilli avec une cordialité si franche et si douce.

De l'Inde, je passai dans l'Ile Ceylan, et, de Ceylan, m'écartant de la route ordinairement suivie pour atteindre le Pacifique, je me dirigeai par le Détroit de Malacca vers l'Indochine.

Mon séjour en Cochinchine et en Annam fut abrégé par le désir que j'avais d'arriver promptement au Tonkin. J'eus la bonne fortune d'être accueilli à Ha-Noï, chef-lieu administratif de cette Colonie, par les aimables directeurs d'un journal local, *l'Avenir du Tonkin*, qui mirent à ma disposition leur maison entière et les colonnes de leur journal, dont j'avais été pendant plusieurs années le correspondant parisien : j'usai largement de cette double hospitalité.

La seconde me fut tout particulièrement agréable. Pour étudier un pays, pour en connaître les ressources, pour en scruter les préoccupations, pour saisir le fort et le faible des courants qui s'y agitent, il n'est pas de meilleur poste d'observation qu'un bureau de rédaction.

Lorsque je quittai Ha-Noï, j'avais pendant quelques semaines vécu la vie de la Colonie : j'en connaissais les hommes et le dessous des choses.

Du Tonkin je passai à Hong-Kong : dans ce port, que les Anglais ont, malgré ses défectuosités, fait le pivot commercial de l'Extrême-Orient, je trouvais un navire en partance pour l'Australie ; je m'embarquai pour Sydney.

La navigation devait être longue : vingt-cinq jours de mer ; elle fut délicieuse. Je vis les côtes de Luzon et des Philippines ; je traversai la mer de Sulu ou de Mindoro, que limite l'Ile Basilan, où les soldats espagnols veillaient encore sur la crête des glacis d'un fort coquettement entretenu ; je franchis la Mer de Celebes, en face l'Ile Sangir, au seuil du domaine hollandais ; je coupais l'Équateur entre Celebes et Dsjilolo [1], le 7 novembre 1893 ; je n'oublierai jamais

---

[1] L'auteur évite — le plus souvent qu'il lui est possible — l'emploi de l'orthographe francisée ; il préfère se servir de l'orthographe hollandaise pour les noms des territoires hollandais, de l'orthographe espagnole pour les noms des territoires espagnols, de l'orthographe anglaise pour les noms des territoires

quel merveilleux décor apparut au coucher du soleil, vers la fin de cette journée, au centre du Passage des Molukkes. Aucune description ne saurait rendre, comme aucune palette ne saurait traduire, la grandeur émotionnante de la scène qui se forma par des teintes claires, blanches et rosées, s'accentua insensiblement de couleurs plus vives, mêlant le bleu à l'orange, s'empourpra, s'illumina dans l'apothéose des lumières célestes.

Je pénétrai dans la Mer de Banda par le détroit qui sépare l'Ile Boeroe[1], si intéressante pour l'Ethnologie, de l'Ile Ceram et d'Amboina. Seul passager du Katterthun, j'avais installé sur le pont d'arrière une grande table de bois massive, sur laquelle j'avais piqué mes cartes marines ; pour me distraire, je passais le jour à observer l'horizon ; je calculais qu'à telle minute, sous tel angle, je devais apercevoir tel sommet ou telle île ; je me trompais rarement.

Le 10 novembre, je touchai l'Australie du Nord à Port-Darwin ; le 15, le Katterthun s'engageait dans le Détroit de Torrès, passage difficile, semé d'écueils et de roches innombrables, qui me rappelèrent la si pittoresque Baie d'Ha-Long, dans le Golfe du Tonkin : notre steamer, grâce à mille précautions et à quelque bonheur, franchit cette fois le détroit ; à son prochain

anglais, de l'orthographe allemande pour les noms des territoires allemands. C'est l'application du principe qu'il préconisait en 1880, dans son ouvrage *Introduction à l'étude de la Géographie* (in-8°, Paris, 1880, Delalain frères, éditeurs) ; ce principe, qui est juste, a prévalu.

[1] En hollandais, *oe* se prononce ou ; *u* se prononce u ou eu ; *oo* comme o long ; — à l'orthographe française phonétique Bourou, il convient de préférer l'orthographe hollandaise Boeroe, et en aucun cas il n'est loisible d'employer l'orthographe allemande Buru.

voyage il devait y rester ; il se brisa sur les rochers
en dépit de l'expérience de son capitaine et coula par
cinquante mètres de fond.

Au delà du détroit, prenant la direction sud-est,
nous avons longé le Queensland, en nous maintenant
entre la côte et la grande barrière de corail, qui, sur
plus de 1.200 kilomètres, court parallèlement au littoral.

Ce ne fut que tard dans la soirée, le 25 novembre
1893, que le Katterthun, après avoir traversé le Port-
Jackson dans toute sa largeur, se rangea le long des
quais de Darling-Harbour, au flanc de la merveilleuse
Sydney.

Je comptais prendre de suite l'un des nombreux
vapeurs qui font le service régulier entre Sydney et
la Nouvelle-Zélande, dans l'espoir de m'embarquer,
dès les premiers jours de décembre, à Auckland, sur
le petit steamer qui, chaque mois, je le croyais du
moins, faisait un voyage d'aller et retour entre la
Nouvelle-Zélande et Papeete, chef-lieu des Établissements français de l'Océanie. Au Post-Office, un des
plus beaux édifices de Sydney, avec sa tour de 250
pieds de haut, sa magnifique façade italienne, sa co-
lonnade en grès et granit longue de près de 120 mètres,
j'appris que le Richmond était en réparation, qu'il
n'effectuerait pas son voyage de décembre. Force me
fut d'attendre à Sydney, soit une occasion, telle le
départ d'un charbonnier, soit la reprise en 1894, ou
aux calendes grecques, du service dit régulier.

Je n'étais pas seul dans l'attente sur le pavé de
George-Street et de Pitt-Street d'un départ pour Tahiti : plusieurs fonctionnaires attendaient, qui étaient
venus de France par la voie directe de Marseille,

Aden, les Seychelles ou Colombo, Melbourne et Sydney.

Vers le milieu de janvier, je quittai la capitale de la Nouvelle-Galles-du-Sud, et, en cinq jours de navigation, j'atteignis Auckland, belle et grande ville de 40.000 habitants, tête de ligne des services maritimes qui vont aux Archipels du Pacifique.

Le Richmond, tout remis à neuf, allait quitter le bassin, revenir à flot et prendre sa cargaison de bois et de denrées diverses; dans la nuit du 25 au 26 janvier 1894, l'ancre fut levée : lentement nous prenions la direction du nord-est.

Onze jours plus tard, le 5 février, nous étions en vue de Moorea.

La petite sœur de Tahiti se dresse à tribord, avec ses montagnes grandioses et fantastiques, bizarrement déchiquetées ; plusieurs sommets rappellent, dans des proportions de géants, avec leurs murailles sombres et leurs tours énormes, les silhouettes des ruines gothiques de la vallée du Rhin : voici la Dent de Muaputa, dont le sommet a été percé par la sagaie d'un guerrier illustre, conte la légende; voici le Tohivea dont la tête s'enfonce dans les nuées ; moins élevée est la curieuse masse de Rotui, qui s'étale, isolée, entre la Baie de Papetoai, la plus belle de cette île étonnante, et la Baie de Paopao, qu'encadre une épaisse végétation d'un vert intense.

La mer est calme; Moorea nous protège contre la grosse houle du sud; le steamer double l'extrémité de l'île et vire dans la direction de Papeete, encore distante de 15 milles : dans deux heures nous serons près du port.

Tahiti est là devant nous, dans le lointain désert

Papeete, chef-lieu de Tahiti et des Établissements français de l'Océanie.

des eaux tranquilles, masse sombre, imposante, ténébreuse, qui se détache sur le ciel pur, avec ses grands mornes sévères, avec ses pics aigus, qui arrêtent les nuages, avec son géant de plus de 2.200 mètres, l'Orohena, le Socle d'Oro, le dieu souverain du monde.

Tahiti est là, cette île lointaine, isolée dans l'immensité bleue du Pacifique, cette île rêvée, vers laquelle je vogue depuis bientôt sept mois, cette île idéale, dernier refuge du Rêve et de l'Idylle, dans le cadre toujours ensoleillé d'un éternel printemps ; île sans misère où le travail demeure inutile à la vie, où il suffit à l'homme pour se nourrir d'étendre la main vers les fruits que les arbres portent en abondance, où l'on respire le parfum des plantes et des oranges, où la femme demeure femme, où l'existence est douce, parce qu'elle se partage entre la Contemplation et la Rêverie, entre la Musique, le Chant et les Plaisirs ; pays qui ne ressemble à aucun autre ; pays que, sur les hauteurs, hantent les dieux.

Une ligne blanche, courant sur la mer, marque la crête du récif de corail qui entoure l'île, comme une ceinture, la protège contre l'assaut des lames et l'isole ; la ville est marquée par un grand fouillis de verdure, dont émerge l'élégant panache de cocotiers nombreux ; sur la gauche, se distinguent quelques larges bâtiments blancs, des cases et le haut clocher de l'Église des Catholiques. Dans la masse confuse des amoncellements de roches qui se profile en arrière de cette ligne verte, que baigne le flot tranquille du port, trois teintes distinguent les plans : au premier, se dressant au-dessus de la ville et la dominant, une colline sombre et dénudée, portant sur la droite le pavillon tricolore de la Batterie et sur la gauche la

case du Sémaphore, avec le mât des signaux ; une
boule en haut, bras des dizaines, quatre boules à
droite, bras des unités, c'est-à-dire quatorze boules,
sont l'indice que le courrier est vu par le guetteur ;
derrière ce contrefort avancé, dans une teinte gri-
sâtre, se tassent les montagnes qui, par des éche-
lons de 300 mè-tres, de 700, de 900, s'élèvent jusqu'au Pic de Ma-rau qui s'élève à près de 1.500 mètres ; au troisième plan, se projettent sur le ciel bleu
des sommets bru-meux, qui dé-passent 2.000 mètres avec l'Aorai, 2.200 mètres avec l'Orohena, inac-
cessible aux hommes.

Femmes (Vahine) de Tahiti.

Le steamer s'avance avec prudence, tout en maintenant sa vitesse pour franchir, sans crainte d'être
dévié par le courant, l'étroite et sinueuse brèche, qui
coupe le récif. Il est au port enfin : il va s'approcher
du quai, qui borde la plage.

Suis-je le jouet d'une hallucination ? Du Richmond,
je crois entendre le vague écho de musiques harmo-
nieuses ; je crois voir au loin, au delà de la ligne

bleue des eaux, dans la verdure, sous les arbres,
éclairés par les derniers rayons du soleil, des groupes
de femmes en longues tuniques d'étoffe blanche ; les
unes sont debout, d'autres sont étendues sur l'herbe ;
toutes semblent idéalement gracieuses : suis-je dans
le Rêve ou dans l'Olympe ?

L'accostage fut long : la nuit était déjà noire, les
nymphes avaient fui devant l'ombre, la Croix du Sud
brillait sur la voûte constellée, lorsque je pus descendre sur cette terre de Tahiti, qui venait de m'ap-
paraître, au déclin du jour, comme la vision fugitive
de l'idéale retraite.

J'arrivais à Tahiti, le lundi 5 février. Grand fut
mon étonnement, lorsque les amis avec lesquels je
passai la soirée me parlèrent de leur journée et me
laissèrent entendre que cette après-midi était celle
d'un dimanche; c'était lundi pour moi, dimanche
pour eux.

Bien des voyageurs avaient été, avant moi, surpris
par le problème des dates. Pigafetta, qui accompagna
Magellan dans sa traversée du Pacifique, la première
des traversées, en 1521, et qui fit le tour du monde en
naviguant de l'est à l'ouest, porte sur son journal, au
moment où au retour il fait escale dans les Iles du
Cap-Vert : « Pour voir si nos journaux avaient été
tenus exactement, nous fîmes demander à terre quel
jour de la semaine c'était. On nous répondit que
c'était jeudi : ce qui nous surprit, parce que, suivant
nos journaux, nous n'étions qu'au mercredi. Nous ne
pouvions nous persuader de nous être trompés d'un
jour, et moi, j'en fus plus étonné que les autres, parce
que, ayant toujours été bien portant pour tenir mon
journal, j'avais, sans interruption, marqué les jours

de la semaine et les quantièmes du mois. Nous apprîmes ensuite qu'il n'y avait point d'erreur dans notre calcul. »

Lorsque le navigateur anglais George Vancouver, près de trois siècles plus tard, voyageant vers l'est,

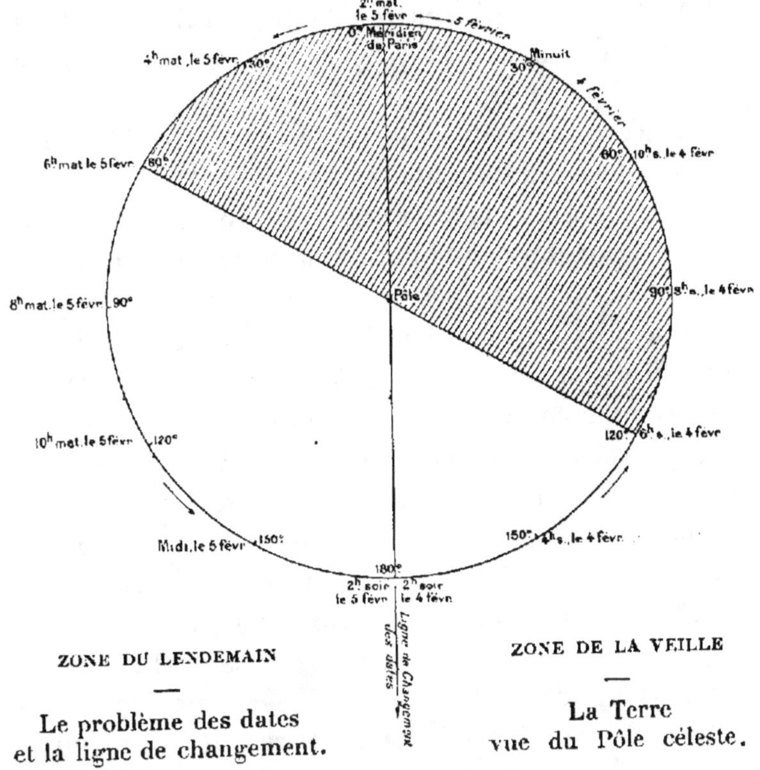

ZONE DU LENDEMAIN
—
Le problème des dates
et la ligne de changement.

ZONE DE LA VEILLE
—
La Terre
vue du Pôle céleste.

sortit de l'Atlantique, traversa le Pacifique, doubla le Cap Hoorn et revint dans l'Atlantique, relâché à Sainte-Hélène, il s'aperçut qu'il avait gagné vingt-quatre heures : pour lui, c'était le 6 juillet 1795 ; la date de l'île était le 5.

Quittons un instant la Terre ; élevons-nous par la pensée vers le Pôle céleste pour dominer d'un regard la moitié de notre Planète, pour voir tout à la fois, dans l'hémisphère boréal, la partie baignée par la lumière du jour et la partie voilée par les ombres de la nuit. Supposons qu'aujourd'hui 4 février, il est deux heures après-midi, sous le 180e degré, qui coupe l'Océan Pacifique en passant entre l'Archipel Gilbert et l'Archipel Phœnix, entre l'Archipel Ellice et l'Archipel Tokelau, entre les Fiji et les Tonga ; dirigeons nos regards dans le sens du mouvement de rotation de la Terre, c'est-à-dire de l'ouest à l'est : sous le 150e degré, il sera déjà quatre heures ; sous le 120e degré, il sera six heures et nous apercevrons la limite des nuits ; enfonçons-nous dans l'ombre : sous le 90e degré, il sera huit heures ; nous sommes toujours dans la soirée du 4 février ; sous le 60e degré, il sera dix heures du soir ; sous le 30e degré, il sera minuit. Au premier coup de minuit, comme chacun sait, le jour suivant commence ; nous pénétrons dans une zone où il commence à être le 5 février ; sous le 1er méridien, à Paris, il sera deux heures du matin et le 5 février ; sous le 30e degré à l'est de Paris, il sera quatre heures du matin ; sous le 60e degré, six heures ; sous le 90e degré, huit heures ; sous le 120e degré, dix heures ; sous le 150e degré, il sera midi, le 5 ; sous le 180e degré, il sera deux heures de l'après-midi, le 5.

Halte-là ! nous sommes revenus à notre point de départ, le 180e degré ; il y est deux heures, c'est entendu : mais est-ce deux heures le 4 ou deux heures le 5 ? Il semble que nous inscrivons régulièrement « 5 février », et cependant nous avons admis, il y a un instant, qu'à ce point nous étions le 4, et si nous continuons à tourner, nous rencontrons le 150e degré de longitude ouest qui date, non du 5, mais du 4, du 4 février, 4 heures soir ! Que faire ?

Par convention, les dates ne franchissent pas le 180e degré. Le voyageur, qui, naviguant dans le sens de la rotation terrestre, vient des mers d'Asie ou d'Australie comme Vancouver — et comme moi — entre, en franchissant le 180e degré, dans la zone de la veille : il retranche un jour et reprend la date de la veille ; il revient ainsi, du lundi 5 février 2 heures, au dimanche 4 février 2 heures ; il revit, en la redoublant, une journée déjà vécue ; ce début de février devait être pour moi la semaine des deux dimanches. Celui qui, comme Pigafetta, vient des mers d'Amérique, entre, en traversant le 180e degré, dans la zone de son lendemain : il devra sauter une journée ; d'un côté de la ligne idéale il était, par exemple, au mardi 6, en la franchissant il sera au mercredi 7 ; il perdra 24 heures ; la semaine n'aura pour lui que six jours.

Comme toute règle appelle une exception, le 180e degré ne sera pas une barrière devant laquelle la date devra infailliblement se modifier ; certaines îles situées à l'est du méridien de Paris, telles une partie des Aléoutiennes dateront comme l'Amérique, qui est dans l'hémisphère ouest ; certaines îles situées à l'ouest de Paris, comme les Tonga, traversées par le 178e degré ouest (qui est le 175e degré 40′ à l'ouest de Greenwich, méridien anglais), dateront pour la facilité des rapports commerciaux avec la Nouvelle-Zélande, qui est située dans l'hémisphère oriental.

Les îles Samoa, qui gisent par 174° ouest, sont hésitantes : elles datent tantôt avec l'Australie, tantôt avec l'Amérique.

Les anciens navigateurs n'avaient pas imaginé la

barrière de rectification : lorsque les galions espagnols allaient du port mexicain d'Acapulco à Manila dans les Philippines, ils comptaient les heures à l'ouest de Cadiz ; les navires hollandais, qui se rendaient par la voie du Cap à Makassar, comptaient les heures à l'est de l'Europe ; il en résultait que sous le 120ᵉ degré de longitude est, il était — le même jour — dimanche à Manila (Philippines), lundi à Makassar (Celebes).

Au moment où j'arrivais à Papeete, le soir de mon deuxième dimanche, le dernier hôtel venait de liquider : je fus recueilli par un charitable ami. Le lendemain, je rendis visite au gouverneur : il s'appelait Ours, Ange-Aimé ; il me reçut fort courtoisement et m'offrit, dans une bonne intention, une chambre au Gouvernement ; je m'excusai de ne pouvoir accepter ; je voulais vivre de la vie tahitienne. Le jour même, je m'installai, au milieu d'un bouquet de verdure, dans une maison de bois, petite, propre et coquette, rue du Marché ; je prenais la direction du journal que, depuis tantôt cinq ans, publiait avec vaillance et désintéressement mon ami Léonce Brault : une case et un journal, tous mes vœux étaient comblés.

Légendes polynésiennes

Comment fut créé le monde ? Tous les peuples se sont posé cette question : leurs légendes y répondent.

Je voulais connaître les légendes du Pacifique : j'interrogeai. Les anciens Polynésiens, ceux qui vivaient avant l'invasion des idées et des doctrines du vieux monde occidental, avaient une conception très pure de l'origine des choses. Une de leurs antiques traditions rapporte ceci : « Il était ; *Taaroa* était son nom ; il se tenait dans le vide ; point de terre ; point de ciel ; point d'hommes. Taaroa appelle : rien ne lui répond. Seul il existait, seul il était l'univers. Taaroa était le germe et la base ; il créa l'univers. »

Ils disaient aussi : « Dans le principe il n'y avait rien autre que Taaroa ; il y eut ensuite une étendue d'eau qui recouvrit les abîmes, et le dieu, source de la race humaine, flottait à la surface[1]. »

Telle fut l'origine divine des hommes. Quant aux terres, elles vinrent, selon les uns, du ciel, suivant d'autres, du fond des abîmes.

Les îles qui s'échelonnent sous le vent de Tahiti ont une origine céleste : « Jadis cinq lunes étaient au ciel, au-dessus du grand Océan ; elles avaient des visages humains ; c'étaient de mauvais génies, dont la voix faisait peur, dont les chants étaient terrifiants ; ils lancèrent sur les hommes des maux cruels, jusqu'au jour où Taaroa intervint ; devant sa toute-puissance, ils commencèrent à trembler ; pris de vertige, ils tombèrent du ciel avec un bruit extraordinaire ; ils formèrent les îles de Borabora, Raiatea, Huahine, Moorea et Tubuai-Manu. »

Il était un dieu souterrain, qui, dans les entrailles de la terre, régissait un monde infernal ; la matière d'en bas aspirait vers la lumière et le soleil ; de là de

---

[1] Cette tradition est étrangement identique au second verset du *Berêschith barà Élohîm,* le début de la *Genèse* qui, lui-même, reflète les idées égyptiennes du xvi⁰ siècle avant l'ère actuelle, idées dont Moïse avait eu connaissance dans les Temples des prêtres de Memphis ; le texte de ce paragraphe porte : « Le souffle de l'Être des Êtres était génerativement flottant à la surface des eaux. »

violents ébranlements, des secousses, des éruptions subites.

La plupart des îles de la Polynésie furent toutefois pêchées au temps des héros. Un jour que Kapuheenanuu, le grand pêcheur de la montagne Kapaahu, qui s'élève dans le Pacifique occidental, se livrait à son plaisir favori, il ramena une masse de corail embarrassée dans son hameçon de bois ; les prêtres lui conseillèrent de rejeter ce bloc à la mer, après avoir procédé à certaines cérémonies, assurant que le corail formerait une île ; le pêcheur obéit ; une île surgit : ce fut Hawaii[1] ; d'un second bloc de corail, Kapuheenanuu fit l'île Maui, et successivement il tira de l'océan le groupe qui constitue l'Archipel hawaiien. Dans leurs chants, les bardes hawaiiens font de fréquentes allusions à cette légende : ainsi dans le chant du prêtre Makuakaumana, il est parlé d'Hawaii « qui surgit de la mer des profondeurs de *Kanaloa*, pris par l'hameçon du grand pêcheur de Kapaahu ».

Les Iles Marquises vinrent au jour dans une semblable circonstance : *Tiki*, le dieu populaire de la pêche, voguait sur la mer en pêchant à la ligne, lorsqu'il ramena du fond l'îlot, qu'il appela Nukahiva.

Les profondeurs de *Kanaloa*, qu'évoque la légende d'Hawaii, c'est le sein même de la création : le mot hawaiien *Kanaloa* est identique au mot maori de Nouvelle-Zélande *Tangaroa*, qui lui-même n'est

---

[1] Il convient d'écrire Hawaii, qui est la forme hawaiienne du vieux mot polynésien *Hawaiki* ; ce même mot, par suite des variations locales dans la prononciation (exposées page 101), s'orthographiera aux Iles Samoa *Savaii*, nom porté par l'une des îles de cet archipel.

qu'une variante du mot tahitien *Taaroa : Kanaloa,
Tangaroa, Taaroa,* c'est le Principe créateur des
Dieux, des Hommes, de la Matière dans l'Étendue et
dans le Temps.

Près du dieu, Père de toutes choses, l'idée polynésienne, pour former la Trinité, qui est à la base de
tant de religions primitives, place une Femme, *Hina,*
et son Fils, *Oro,* le souverain du monde : le Père seul
créa.

Légendes savantes

La science a ses légendes. Les érudits parlent de
continents qui, à une époque qu'ils ne peuvent guère
préciser, auraient occupé la place des océans actuels :
ils citent l'Atlantide à la place de l'Atlantique, la
Lémurie à la place de l'Océan Indien, l'Océanide à la
place du Pacifique.

Philippe Buache, celui-là même qui dessina d'inspiration la carte d'un Continent austral, distinct de
l'Australie, et y figura de grandes chaînes de montagnes comme les Cordillères, et des fleuves aussi
considérables que ceux de Sibérie, présenta, en 1744,
à l'Académie des Sciences une carte donnant les con-
tours du continent qu'il « supposait » avoir été englouti
par le Pacifique.

Dans ses *Observations,* qui furent écrites en 1778,
Jean-Reynold Forster, un théologien allemand, naturaliste à l'occasion, compagnon de Cook pendant son
second voyage, croit que les îles hautes de la Polynésie sont les restes d'un continent submergé, qui

anciennement aurait communiqué avec l'Asie et en
aurait tiré sa population ; ce continent aurait disparu
en s'affaissant, et les plus hautes montagnes seraient
seules restées au-dessus des eaux ; elles auraient
servi de refuge aux habitants primitifs. Cook a
témoigné en diverses circonstances le peu d'estime
qu'il portait aux théories scientifiques de son compagnon occasionnel.

Dumont d'Urville, en 1834, dans son *Mémoire sur
les Iles du Grand Océan*, propose une hypothèse, qui
à ses yeux n'est en réalité qu'une explication : « Ne
serait-il pas plus simple de supposer qu'un continent
ou grande île, comme l'Australie, dut jadis occuper
une partie de l'Océanie habitée par un peuple, dont
les tribus polynésiennes ne sont que des débris
échappés à quelques grandes convulsions du globe? »

Une même hypothèse est formulée en 1837 par
Moerenhout, dans son ouvrage si justement appré-
cié *Voyages aux Iles du Grand Océan*, qui a le
seul défaut de généraliser avec trop de hardiesse.
Croyant que les Polynésiens n'ont pu venir ni d'Asie,
ni d'Amérique, il est amené à conclure que la race
polynésienne eut son foyer primitif autre part, peut-
être sur un continent situé à l'est du Pacifique,
quoique ne touchant pas l'Amérique.

M. Jules Marcou, qui fut professeur de Géologie
paléontologique à l'École polytechnique fédérale de
Zürich, et qui a publié une *Carte générale de la
Géologie terrestre*, déclare, sans hésitation, qu'à
certaines époques géologiques, l'hémisphère austral
fut un hémisphère de continents, tandis que l'Europe
actuelle était l'hémisphère des Océans ; il précise, en
insistant : « Je crois que l'on peut dire, sans crainte

de se tromper, que là aussi, dans le Pacifique, il y a
eu de grands continents, et que le peu de terres
fermes, qui émergent aujourd'hui, ne sont que les
restes, que les sommets des hauts plateaux et des
montagnes de vastes terres jadis habitées par des êtres
respirant l'air et aujourd'hui plongées sous les eaux
du Grand Océan. »

Un ingénieur des mines, qui a publié, outre un
Voyage autour du Monde, des *Notes sur la Géologie de l'Océanie*, M. Jules Garnier, affirme, avec
une assurance aussi convaincue, que la géologie
démontre qu'un continent tertiaire, à moins qu'il ne
fût quaternaire, s'est effondré sous les eaux en
Océanie, laissant la vaste surface de la mer se montrer sur un immense espace.

Marion-Dufresne va plus loin, ou du moins le narrateur de son voyage, car lui, avant qu'il n'ait pu écrire
ses relations, il fut mangé par les naturels de la Nouvelle-Zélande ; il indique la date vers laquelle le continent océanique s'affaissa ; ce continent ou grande
île aurait disparu pendant la période tertiaire, vers
la fin de l'époque miocène, à l'époque pliocène au
plus tard ; les parties les plus élevées auraient été
recouvertes par des éruptions basaltiques, comme
l'ancien plateau central de l'Auvergne et du Vivarais
en France ; dans la destruction de ce continent, ces
hauts sommets basaltiques étant les seuls qui fussent
restés hors de l'eau, plusieurs des animaux de ce
vieux continent s'y seraient réfugiés et auraient con-
tinué à y vivre, malgré les phénomènes volcaniques
nombreux, qui se sont succédé, et qui, tout en détrui-
sant une partie de ces êtres, n'auraient pu toutefois
les anéantir complètement.

Dans ses *Lettres américaines*, publiées en 1788, le comte J.-R. Carli n'admet pas que le sol se soit affaissé ; c'est, selon lui, la masse d'eau qui s'est élevée, noyant toutes les terres basses et ne laissant émerger que les sommets les plus élevés ; il place son déluge quarante siècles avant notre ère, et il cite une tradition chinoise mentionnant que la mer aurait englouti, il y a longtemps, un pays immense dans cette partie du monde.

Il est d'autres écrivains, qui, tout en admettant l'existence d'anciennes terres océaniques, réduisent les dimensions du vaste continent « supposé » par l'imagination de Buache et de ses émules.

Devant le Congrès de l'Association française pour l'Avancement des sciences, M. Edmond Perrier, du Muséum d'Histoire naturelle de Paris, parlait, en 1887, d'un ancien continent, qui aurait été constitué par Celebes, la Nouvelle-Guinée, l'Australie, la Nouvelle-Zélande, la Tasmanie, avec peut-être la Nouvelle-Calédonie : « Là, il y a eu de vastes territoires abîmés dans les flots. »

M. de Tchiatchef ne rattache pas aux Terres australes Celebes et la Nouvelle-Guinée, dans ses *Considérations géologiques sur les Iles océaniques :* une jonction ancienne entre la Nouvelle-Zélande et la Nouvelle-Calédonie lui semble probable ; il étend sa grande île jusqu'aux Fiji (lire Fidji, comme prononcent les Anglais) ; à ce groupement, il relie volontiers l'Australie, en constatant que les roches cristallines et les dépôts sédimentaires de la Nouvelle-Calédonie se retrouvent plus ou moins reproduits sur le littoral oriental de l'Australie ; toutefois, comme il ne rencontre pas à l'Ile Lord Howe, située entre la Nouvelle-Zélande et l'Australie, les formes caractéristiques de la flore australienne, les Eucalyptus, les Banksia, les Xanthorrhœa, comme il constate des similitudes de caractères entre la flore de Lord Howe et celle plus septentrionale de l'Ile Norfolk, il déduit qu'une dislocation a dû détacher du bloc l'Australie avant que la vie végétale y soit apparue. Quant à M. Marcou, il se demande si ce n'est pas à l'époque primaire, et à la fin du nouveau grès rouge des terrains permiens, que l'Australie aurait été séparée de la Nouvelle-Zélande.

Dans son volume de *Renseignements pratiques sur la Nouvelle-Calédonie*, M. Jeanneney laisse de côté les Fiji et tient pour « assez probable » l'hypothèse d'un continent océanien, aujourd'hui disparu, qui aurait compris les Nouvelles-Hébrides, la Nouvelle-Calédonie, les Iles de Loyauté et la Nouvelle-Zélande : il remarque la concordance que présentent les terrains de la pointe nord-ouest de la Nouvelle-Zélande avec ceux de l'extrémité sud-est de la Nouvelle-Calédonie et les rapports géognostiques nombreux qui ont été signalés entre les deux groupes d'îles.

Avec M. Pelatan, ingénieur civil des mines, ancien directeur de la Compagnie Le Nickel de Nouvelle-Calédonie, le périmètre des terres anciennes va se réduire encore bien davantage; il n'est plus question de continent dans son *Esquisse géologique de la Nouvelle-Calédonie;* il ne suppose qu'une longue cordillère, qui, à des âges anciens, aurait eu son point d'origine vers l'extrémité orientale de la Nouvelle-Guinée et une direction identique à la direction même de la péninsule guinéenne : cette chaîne se serait

affaissée par un lent mouvement continu, laissant
pour témoins émergés l'Archipel des Salomon et la
Nouvelle-Calédonie.

Les hypothèses de Buache, de Forster, de Marion,
de Carli, des autres, ne sont qu'ingénieuses : jugeant
en géologue, Dana les a écartées dans son *On Coral
Reefs and Islands ;* la géologie ne possède aucune
donnée qui milite en faveur de la probabilité d'un
grand continent océanien submergé à une époque
inconnue. Élisée Reclus, se plaçant au point de vue
de la flore et de la faune, repousse, dans sa *Géographie universelle,* toutes les hypothèses des imagi-
natifs ; pour lui, le manque d'organismes propres
suffit à prouver que les îles de l'Océanie ne sont pas
les restes d'un continent submergé. Enfin, M. Edmond Perrier, qui est maître en science sous-marine,
clôt la controverse en reconnaissant que des affaisse-
ments ont pu se produire dans certaines régions du
Pacifique, notamment sur sa lisière occidentale, vers
la Nouvelle-Guinée, la Nouvelle-Calédonie, la Nouvelle-Zélande, comme il l'indiquait en 1887 ; mais,
avec l'autorité qui s'attache à sa haute situation scientifique, il conclut : « *On ne croit plus aujourd'hui
à un lent affaissement de tout le fond du Grand
Océan.* »

Les feux souterrains

Il est une tradition, en Polynésie, qui se dresse
contre la légende du grand pêcheur de Kapaahu :
ce ne serait pas son hameçon qui aurait tiré l'Ile
Hawaii des profondeurs de Kanaloa : Hawaii et les

îles voisines seraient nées d'un œuf immense qui éclata soudain au milieu de la mer.

Il en fut ainsi. Les évolutions des grandes forces de la nature, aux temps contemporains, qui, sous nos yeux, lèvent des montagnes et des îles ou les détruisent, disent quelles furent, aux époques préhistoriques, les causes qui modifièrent la structure de l'écorce primitive.

Aux environs de Naples, dans les Champs phlégréens, illustrés par Homère et par Virgile, entre le Lac Averne, témoin de la descente d'Énée aux Enfers, et le Monte Barbado, s'éleva subitement, dans les derniers jours de septembre 1538, au milieu d'une éruption de boues, de pierres et de feu, une montagne nouvelle, le Monte Nuovo, dont la hauteur actuelle est de 134 mètres au-dessus du niveau des eaux de la jolie Baie de Pouzzoles, qu'Horace célébrait comme la plus délicieuse de l'univers : « *Nullus in orbe sinus...* »

Cette naissance ne fut pas un événement nouveau : déjà, en l'an 197 avant l'ère actuelle, en face de Santorin, la plus méridionale des Cyclades, avait surgi une île, rapporte Strabon ; elle fut appelée Kèvménî, la Brûlée, et plus tard, Paléo-Kèvménî, la Vieille-Brûlée, lorsque, en 46 après J.-C., apparut la Micra-Kèvménî, la Petite-Brûlée ; en 1707, deux îlots émergèrent dans le voisinage, l'un de ponce blanche, l'autre de trachyte noir, qui se réunirent de 1711 à 1712, et formèrent la Nouvelle-Brûlée ; au même moment, le sol de Santorin s'affaissait sensiblement.

Exemple plus récent : entre la Sicile et l'île Pantellaria, sentinelle avancée de l'Italie vers la côte tunisienne, apparut, en 1831, le 18 juillet, une île de trois mètres de hauteur, rejetant de la vapeur et des matières volcaniques ; quinze jours après, elle avait 4 kilomètres de tour et 60 mètres d'élévation ; elle posait sur un plateau marin couvert par 200 mètres d'eau ; au moment où l'Angleterre et le Royaume des Deux-Siciles se disputaient la possession de cette îlette qui, de ses divers parrains et prétendants, reçut les noms de Julia, de Fernandea, de Nerrita, de Graham, elle disparut sous les flots.

Qui ne se souvient qu'en mai 1883, le cratère de l'Ile Krakatau, semblant éteint depuis 1680, lança des torrents de feu et de fumée, avec accompagnement terrible de détonations et de grondements ; du Détroit de la Sonde, le Straat-Soenda des Hollandais, où gît l'Ile Krakatau, à égale distance entre Java et Sumatra, le bruit fut perçu jusqu'à Batavia et jusqu'à Buitenzorg, qui sont situés à 150 kilomètres dans l'est ; les jets de feu, de vapeurs, de fumée continuèrent pendant trois mois ; les détonations devinrent si violentes, dans la nuit du 26 au 27 août, qu'à Buitenzorg, le sol tressaillit ; on entendait, dans les habitations, des craquements sinistres ; tous les objets s'entre-choquaient ; le 27, à sept heures moins un quart du matin, une explosion si formidable éclata que les portes et les fenêtres s'ouvrirent, que la chaux des murs tomba ; à Batavia, des vitres furent brisées ; le bruit fut entendu à plus de 3.000 kilomètres de distance, jusqu'à Ceylan, au nord-ouest ; jusqu'à Perth, en Australie, au sud-est ; en Cochinchine, à 1.900 kilomètres du centre de ces manifestations volcaniques, on crut à un combat naval dans la Mer de Chine ; l'explosion du Krakatau avait lancé des colonnes de fumée et de cendres jusqu'à 35 kilomètres de hauteur, et l'on évalue à 18 milliards de mètres cubes le volume de matières vomies ; un effondrement gigantesque suivit ; les deux tiers de l'île, soit environ 20 kilomètres carrés, s'affaissèrent dans la mer ; des vagues gigantesques se ruèrent dans le gouffre et refluèrent dans toutes les directions ; sur la côte de Java, 48 villages furent entièrement détruits ; près de 20.000 indigènes périrent avec 32 Européens ; les plantations furent rasées par le flot, les campagnes dévastées ; sur la côte de Sumatra, bien qu'éloignée du volcan de 130 kilomètres, la ville de Beniawang disparut, balayée par une vague de 24 mètres de hauteur ; à Telok-Betong, 1.500 personnes périrent sous le flot ; une lame de 30 mètres de hauteur porta un steamer à deux roues, le Barow, en pleine forêt, à 3 kilomètres dans l'intérieur ; les 3.000 habitants de Sebesi disparurent et l'île se trouve aujourd'hui ensevelie sous une couche d'au moins 10 mètres de cendres grises mêlées de pierre ponce et de fragments d'obsidienne ; la grande lame du 27 s'est propagée avec une vitesse considérable : elle ne mit que douze heures pour atteindre Aden, située à 7.000 kilomètres du Détroit de la Sonde ; elle fut ressentie dans toute l'étendue de l'Océan Indien et de l'Océan Pacifique. Sur la partie de Krakatau effondrée, la sonde atteint des profondeurs de 80, 160, 240 et 300 mètres ; l'île voisine, Verlaten, a triplé d'étendue ; sa superficie a été portée de 3 kilomètres (3 kil. 7) à 11 kilomètres (11 kil. 8) ; trois petites îles surgirent qui, depuis, ont disparu.

Ces exemples suffisent à montrer le travail incessant des forces naturelles, qui font les îles ou les détruisent, à expliquer l'origine des îles qui vont se présenter à nous, à travers les immensités du Pacifique, entre la

Nouvelle-Zélande et les Iles Hawaii, entre les Iles Carolines et l'Ile de Pâques.

Dans ce vaste domaine, que nous nommerons Polynésie, et qui est grand comme dix fois l'Australie, *deux terres, seules, ont une origine ancienne*, la Nouvelle-Zélande et une partie des Fiji ; je ne parle pas de la Tasmanie, de l'Australie, de la Nouvelle-Calédonie, des Nouvelles-Hébrides, des Iles Salomon, de la Nouvelle-Guinée, qui ne relèvent pas de la Polynésie, et qui constituent un îlot ethnique mélanésien, enserré par le monde polynésien d'un côté, par le monde malainésien de l'autre.

La ligne de côtes, vaguement indiquée sur la carte du Hollandais William Blaeu, sous le nom de Zelandia Nova, fut touchée, le 13 décembre 1642, par Abel Janszoon Tasman, qui, après avoir visité Maurice (possession hollandaise de 1638 à 1647), et après avoir découvert la terre qu'il nomma van Diemen, en l'honneur du gouverneur des possessions hollandaises des Indes Orientales, résidant à Java, avait repris la mer dans la direction de l'est. La Zelandia Nova devint la New-Zealand : ce nom désigne l'ensemble des trois îles, d'une superficie de 100.000 miles carrés ou 250.000 kilomètres, soit la moitié de la France, soit environ 30 Corse ; l'Ile du Nord vaut 13 Corse, l'Ile du Centre 17 Corse, surface égale à celle de l'Angleterre et du Pays de Galles réunis ; l'Ile du Sud ou Stewart est miniscule, un cinquième de la Corse.

L'Ile du Centre, qui dispute parfois à Stewart le nom d'Ile du Sud et que les Anglais appellent tantôt Middle-Island, tantôt South-Island, est de formation ancienne, avec son grand soulèvement des Alpes mé-

ridionales, que les neiges couvrent à partir d'une
altitude de 2.400 mètres. C'est un vieux monde : les
huit onzièmes de son sol datent des premières époques
géologiques ; des assises granitiques, schisteuses, si-
luriennes, s'y montrent avec un riche cortège de miné-
raux, le fer, l'étain, le chrome, le nickel, le cuivre,
l'argent ; l'or abonde sur la côte ouest et vers Dunedin sur la côte est ; les terrains houillers s'étendent
en d'immenses bassins, au nord vers Westport et
Greymouth, à l'est, au sud ; des terrains tertiaires
constituent la grande plaine de Canterbury et la côte
avoisinante ; Middle-Island n'a pas été bouleversée
par des éruptions volcaniques : une poussée de basalte
jeta sur son flanc la Péninsule de Banks.

Toute différente est l'Ile du Nord : les granits et les
schistes ne s'y rencontrent guère ; les terrains de transition, les terrains houillers et les terrains secondaires
y sont de faible étendue ; un tiers de l'île date de la
période tertiaire, un tiers est d'origine volcanique. Le
centre de l'île offre le spectacle le plus curieux qui
soit ; sous leurs formes les plus variées, les manifestations des feux infernaux se trouvent ici groupées ; il
y a des sources chaudes : les unes d'une température,
d'une composition, d'un débit constants, comme aux
Bains de Rotorua ; les autres, dont la température
varie selon la saison, et le débit selon la direction des
vents ; d'autres qui sont intermittentes ; il y a des
rivières chaudes, des lacs chauds et sulfureux, des
mares de boues bienfaisantes, des geysers avec leurs
gerbes continuellement furieuses, comme le Great-
Wanakei, d'autres à fusées intermittentes, comme le
Pohutu ; il y a tout un chaos de volcans : le Ruapehu,
la Reine des Neiges, tranquille maintenant, qui, à une

époque indéterminée recouvrit de cendres et de scories la plaine voisine, appelée par les Maori Ouatepu ou Plaine Brûlée; le Ruapehu est le plus haut sommet de North-Island (2.714 mètres); des neiges éternelles le couronnent; le Tongariro, au centre de l'île, auquel on attribue par-fois le nom de Montagne-Fumante, qui appartient au Ngauruahoe, montagne voisine et plus élevée; le Mount-Egmond ou Taranaki lève à 2.521 mètres sa pyramide supérieure couverte de neiges ; le Rotorua, qui en 1886 emporta les Terrasses-Blanches et les Terrasses-Roses, souvent citées parmi les plus curieuses merveilles

Nouvelle-Zélande.
Geysers de Whakarewarewa.

de la création, triomphe dans un centre de désolation, où abondent les sources chaudes, les fontaines intermittentes, les solfatares, les fumarolles, les geysers, et même des jets errants, qui s'élèvent d'un point, retombent et s'élèvent plus loin; un cercle de cratères entoure Auckland; deux solfatares fument par intermittence dans la Bay of Plenty ou Baie de l'Abondance, ce sont l'Ile Blanche et la Baleine, que les légendes maori réunissent par une galerie souterraine au Tongariro.

Des oiseaux caractéristiques de la faune du sol neo-zélandais peuplaient l'Ile du Nord et l'Ile du Milieu aux époques géologiques les plus récentes : le *Kiwi* ou Apterix était un oiseau de petite taille, pas plus gros qu'une poule, sans ailes et sans queue, le

Nouvelle-Zélande. — Le Tongariro et le Ngauruahoe
(Montagne-Fumante).

corps couvert de longues plumes séparées, le bec long muni de narines à son extrémité ; il avait quatre doigts ; l'espèce n'en était pas encore éteinte au milieu du xixe siècle et le Jardin Zoologique de Londres put en posséder un spécimen vivant en 1852 ; le Palapterix, autre oiseau ancien, avait la taille de l'autruche, de deux mètres à deux mètres quarante centimètres, mais il était plus massif ; le *Moa* ou Dinornis giganteus est l'oiseau le plus grand qui ait jamais existé ;

il pouvait dépasser trois mètres ; le Musée du Canterbury, à Christchurch, possède le squelette d'un Moa de deux mètres et demi de hauteur.

Les Iles Fiji ou Viti gisent dans le Pacifique à 1.200 milles au nord-est de la Nouvelle-Zélande ; elles sont coupées par le 180e degré (de Greenwich), non loin du Tropique, et comprennent 200 ou 250 îles,

Nouvelle-Zélande. — Solfatares et fumarolles de Tikitere.

dont un tiers seulement est habité. Les deux terres les plus étendues sont Viti-Levu ou Viti-la-Grande, plus étendue que la Corse, aussi vaste que la Jamaïque, mesurant 4.112 milles carrés, et Vanua-Levu ou la Grande-Terre, de 2.432 milles carrés ; puis se rangent Taviuni ou Vuna, le Jardin des Fiji, coupée par le 180e degré ; Kandavu, Ovalau, à 6 jours d'Auckland avec un port très fréquenté ; Levuka, où résident un millier d'Européens ; la superficie totale de l'archipel est de 7.435 milles carrés, ou 18.500 kilomètres, environ deux fois la Corse.

La presque totalité du sol de ces îles est faite de roches volcaniques décomposées ; les pics de Voma et Buke-Levu, qui dressent leur sommet à 1.219 mètres d'altitude, semblent être d'anciens volcans ; les manifestations de feux souterrains sont nombreuses dans l'archipel ; des sources chaudes affluent à la surface sur différents points, notamment à Savu-Savu.

On ne saurait néanmoins méconnaître l'existence en Viti-Levu de terrains anciens, qui, s'ils n'ont été soulevés par des éruptions à une époque très reculée, marquent les vestiges d'une terre contemporaine du vieux monde zélandais ; ces terrains recèlent de la malachite et de l'antimoine, dans l'une des montagnes du district de Namosi ; le fer a été signalé sur divers points, avec des traces d'or, d'argent, de manganèse et autres métaux.

Si des deux grandes terres, de Vitu-Levu et de Vanua-Levu, nous portons notre attention sur les îles qui gisent au levant, nous apercevons au premier plan des îles hautes, d'origine volcanique : telles Taviuni, dont le point culminant atteint 1.230 mètres ; Nairai, qui a un sommet élevé de 328 mètres ; Ngau, avec un pic central de 715 mètres ; puis, au delà, des terres toutes différentes d'aspect : elles sont presque au niveau des flots ; elles se haussent à peine de deux ou trois mètres au-dessus de l'immense nappe liquide ; ni montagne, ni colline sur ces îles : uniformément plates, sans ondulations.

D'aspect tout autre que leurs voisines, ces îles sont-elles d'origine différente ?

Les travailleurs de la mer

Qui n'a vu des Hydres brunes, ces animaux de toute petite taille, ne dépassant guère quelques millimètres, qui, dans les eaux dormantes, vivent sous les feuilles des plantes aquatiques ?

Les naturalistes les classent parmi les animaux inférieurs, à côté des Méduses, des Anémones de mer, du Corail, des Madrépores.

Ces Hydres sont des êtres bien curieux : leur corps est une sorte de sac, de petit cornet fixé par l'une de ses extrémités aux lentilles flottantes ; l'extrémité libre est la bouche ; de 6 à 8 bras ou tentacules entourent cette couronne. Lorsque l'Hydre sent la faim, elle étend ses tentacules pour explorer l'eau : elle peut les allonger en filaments ténus, comme des fils d'araignée, de deux cents fois la longueur de son corps, et qui chez certaines Hydres sont verts comme les plantes marines avec lesquelles elles se mêlent pour atteindre la proie : malheur aux pauvres naïs ou aux entomostracés, qui viendront à frôler un tentacule ; les bras de l'Hydre sont couverts de petites vésicules pleines d'un liquide venimeux et contenant chacune un filament creux, sorte de tube roulé en hélice, qui se détend comme un ressort au moindre contact et porte le liquide empoisonné dans le corps de l'animal harponné ; la proie est foudroyée ; l'Hydre replie ses tentacules vers sa bouche et engloutit sa nourriture ; la digestion s'opère ; le résidu est rejeté par la bouche, seule ouverture. Pour se déplacer, l'Hydre s'étend sur le côté et glisse en rampant à la façon de plusieurs chenilles : elle s'aide parfois de ses tentacules comme de crampons.

Si on retourne l'Hydre brune comme le doigt d'un gant, elle continue à vivre et même à manger de la même manière qu'auparavant : deux moitiés greffées l'une sur l'autre se soudent et vivent ; si le sac est coupé dans le sens de la longueur, chaque moitié se complète rapidement et devient en peu de temps une Hydre entière.

Ces Hydres se reproduisent par une sorte de bourgeonnement, comme les plantes ; de petites Hydres poussent à la surface, vers les deux tiers de la longueur, à partir de l'extrémité libre, se greffant sur la mère comme des rameaux sur une branche, puis se détachant pour aller vivre ailleurs. Tous les bourgeons ne forment pas cependant une Hydre semblable à la première : les bourgeons d'automne n'acquièrent ni bouche, ni tentacules ; ils sont incapables de manger ; ils portent des œufs, qui, après le repos de l'hiver, donneront naissance à des Hydres ayant bouche et tentacules. Chez certaines espèces d'Hydraires, les bourgeons ne forment pas simplement des individus pourvus de bouche et tentacules ou individus nourriciers, et des individus porteurs d'œufs ou reproducteurs ; ils donnent naissance à des individus n'ayant ni bouche, ni tentacules, ne devant pas produire d'œufs et qui, grêles et allongés, auront pour fonction de veiller autour d'une colonie d'Hydraires, d'empoisonner avec le venin de leurs hématocystes les petits êtres qui nageront dans leurs eaux : ce sont des individus préhenseurs.

Le Corail des eaux méditerranéennes n'est pas moins intéressant à étudier que l'Hydre d'eau douce.

Il se présente au pêcheur sous la forme d'un petit arbrisseau sans feuille et très branchu, haut de trente centimètres pour les beaux pieds, rarement de cinquante et soixante centimètres.

Dioscoride, le pharmacographe grec, le considérait comme un arbrisseau nain, et le naturaliste romain Pline, s'inspirant des écrits de son devancier, comme il lui arriva souvent, répète : « Le Corail est un arbrisseau ». Cette opinion prévalut jusqu'au xviiie siècle ; Tournefort, le précurseur de Linné, tenait encore le Corail, au temps de Louis XIV, pour une plante.

Au moment où le Corail vient d'être remonté par le filet du pêcheur, ses rameaux sont couverts de petites fleurs blanches, formées d'un calice blanc épanoui en huit pétales à bord finement festonné ; la dimension de ces fleurs ne dépasse pas trois millimètres ou trois millimètres et demi ; elles rappellent le clou du giroflier.

Les fleurs rentrent dans l'écorce, lorsque le Corail est sorti de l'eau ; elles ressortent si l'on plonge la branche dans l'eau de mer ; elles se retirent si on les touche. Le naturaliste Réaumur se refusa longtemps à voir dans ces allures les preuves d'une vie animale : « N'avez-vous pas, disait-il en 1726, des fleurs qui s'épanouissent le jour et se ferment la nuit, d'autres qui s'ouvrent le soir et se ferment le matin. » Il eût pu citer la Sensitive, cette jolie petite plante d'Océanie, dont les feuilles, composées comme celles de l'Acacia, se replient et s'abaissent au moindre contact.

Le Corail est cependant un animal. La partie arborescente dure, pierreuse et d'un beau rouge, qu'emploient les bijoutiers pour en confectionner des parures et des ornements (d'où le nom du corail tiré du mot

grec Κορεω, orner), est un support minéral, implanté
sur les rochers par un élargissement de sa base, à des
profondeurs de 30, 60 et 100 mètres. Ce support,
appelé polypier, est entouré d'une écorce, d'une tunique, qui est vivante et percée de pores, qui sont les
loges des blanches fleurs, que la science contemporaine nomme polypes; ce que les anciens observateurs
prenaient pour des pétales, sont huit tentacules ciliés
rangés autour de la bouche, comme les pétales des
fleurs autour du pistil; cette bouche, sorte de ma-
melon contractile, est le seul orifice de la cavité digestive; elle sert à l'entrée des aliments et aussi à la sortie
des résidus de la digestion; les polypes, lorsqu'ils se
contractent, peuvent disparaître complètement dans
les pores de l'écorce où est enfermée leur cavité
digestive; d'étroits canaux mettent en relation à travers l'écorce les polypes entre eux; ils peuvent s'envoyer de la nourriture : le butin de l'un peut, dans
cette sage association, profiter à tous.

Comme l'Hydre, le Corail se reproduit par bourgeonnement : un polype se forme sur l'écorce, il
grandit et donne naissance à une nouvelle branche.

Pour créer un nouvel arbrisseau, l'intervention des
sexes est nécessaire. Les œufs, qui se sont développés
dans l'ovaire du polype, deviennent de petites larves
ciliées, semblables à des vers ténus ; elles quittent la
mère, rejetées par sa bouche; elles nagent et s'en vont
à la recherche d'un rocher pour se fixer; elles deviennent alors polypes; elles acquièrent une cavité et
des tentacules ; en développant des bourgeons, les
polypes créent de nouveaux sujets semblables à eux-
mêmes et leur restant adhérents. Au fur et à mesure
de la croissance de cette nouvelle colonie, un axe pier-

reux se développe au sein même de la collectivité; un arbrisseau se forme avec ses rameaux.

L'Hydre est un polype nu; le Corail un polype à polypier pierreux.

Ce sont les formations calcaires de certains polypes qui, accumulées en masses profondes, forment ce qu'on appelle les Bancs de Corail.

Le Corail ne prend cependant aucune part dans la formation des Bancs de Corail, qui sont construits par d'autres polypes; le Corail est d'ailleurs rare dans le Pacifique, où les « Bancs de Corail » abondent; on ne trouve guère qu'aux Iles Hawaii le *Corallium secundum* de Dana, dont le polypier est rose pâle ou blanchâtre, genre plutôt disposé en éventail qu'en arbuste, ne portant que sur une face ses polypes.

La nature animale des Madrépores fut, comme celle du Corail, reconnue au xviiie siècle, vers 1725, par un docteur en médecine de Marseille, Peyssonnel; il ne savait quel nom donner à cet animal qui, jusqu'alors, était tenu pour une fleur; il le nomma tantôt *hortic*, ayant remarqué la sensation urticante que ressent la main à son contact, tantôt poisson; il ne parle plus de pétales en désignant les tentacules : il emploie les mots pattes ou pieds.

Les extrémités des Madrépores lui paraissent « mollasses, tendres, remplies d'une mucosité gluante et transparente ». Dans son Mémoire de 1744, il s'exprime ainsi : « J'avais le plaisir de voir remuer toutes les pattes ou pieds, de voir agir le cœur ou centre; en retirant le Madrépore de l'eau, je voyais le centre s'enfoncer, se retirer, l'animal se recoquiller dans son trou, et tout cela très distinctement; la chair de ces animaux est très délicate, se met en pâte et fond très

facilement dès qu'on la touche : aussi je ne pus ni
la disséquer, ni en détacher aucune pièce ou partie. »

Après avoir étudié les « orties » des Madrépores, il
porte son attention sur les Millépores, autres polypes,
les observe, tantôt dans la mer, tantôt dans des vases
pleins d'eau. Il reconnut qu'ils étaient enduits, comme
les Madrépores, d'une viscosité gluante ; en ayant
exposé quelques-uns à une chaleur douce, il vit sortir

Polypier calcaire avec ses Polypes ou calices ouverts.

de chaque petit trou des corps mollasses qui allon-
geaient au dehors de petits pieds, blancs chez les uns,
jaunes chez les autres ; ces pieds remuaient, s'étendaient ; ils avaient une vie sensitive : « Dès que je les
touchais ou voulais retirer les Millépores de l'eau, je
voyais tout disparaître ; ils rentraient dans leurs trous
et dans leurs cellules ; je cassais ces Millépores et je
distinguais alors les petits poissons nichés dans ces
cellules où ils sont adhérents aux parois, car, en
séparant doucement ces pièces rompues, je sentais de
la résistance, je détruisais ces petits poissons : tout
devenait confus. »

Parmi les polypes les plus aptes à former des récifs

se rangent les Madrépores, les Porites, les Millépores, les Astrées, Agaricies, Méandrines et Fongies, les Pocillopores, les Oculines, les Stylaster.

Toutes ces espèces, dites Coralliaires, possèdent,

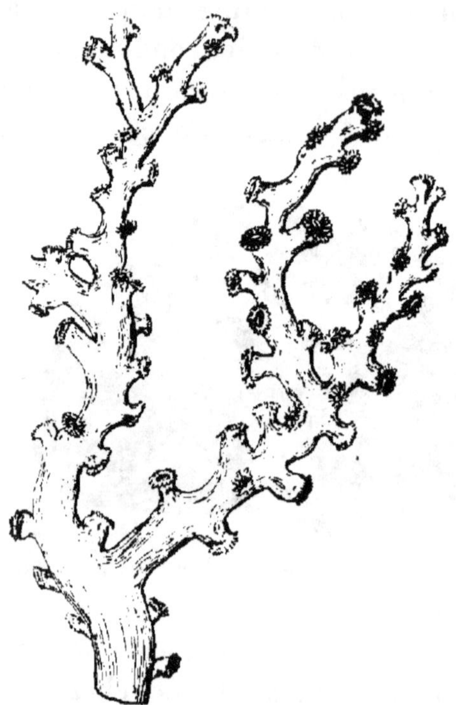

comme le Corail, une cavité digestive, n'ayant qu'une seule ouverture avec des tentacules et étant partagée par de nombreuses cloisons, dont les parois portent les produits sexuels. Dans les colonies, chaque individu a une bouche distincte, mais les cavités digestives communiquent les unes avec les autres par des vaisseaux nombreux.

Polypier branchu des Polypes Oculines.

Leurs squelettes calcaires présentent une variété infinie de formes élégantes ou bizarres.

Chez les Madrépores, qui sont des polypes agrégés recouvrant de leur partie charnue et vivante la substance calcaire sécrétée à l'intérieur de leur corps, cette substance ou polypier, lorsqu'elle est examinée après destruction de la partie charnue, présente des pores ou calices saillants, distants les uns des autres, ramifiés à l'infini.

Sur le polypier des Porites, les calices ne sont pas saillants : ils dessinent à la surface de la masse une empreinte de dentelle.

Le squelette du Millépore a des formes arborescentes, qui l'ont fait longtemps tenir, comme le Corail, pour une plante marine ; ses pores sont extrêmement fins ; sa masse semble piquée d'une multitude de trous ; l'une des espèces est ramifiée en forme de cornes d'élan.

Les calices du polypier des Astrées, grands et arrondis, sont rassemblés sur une même surface ; ils se touchent chez les Agaricies, se confondent chez les Méandrines : ces derniers polypiers forment souvent une masse ramassée en boule, dont la surface est coupée de sillons sinueux et tortueux, plus ou moins creux : cet aspect leur a fait donner le nom de Cerveau de Neptune. Les Fongies n'ont qu'un seul calice. Les Pocillopores ont des calices contigus, serrés les uns contre les autres, comme les alvéoles d'une ruche.

Avec les Oculines, nous revenons à la forme arborescente : les rameaux épais et courts de leurs polypiers sont d'un calcaire compact, blanc comme du marbre, avec de petits calices au bout de chaque branche, telles des fleurs. Les Stylaster forment de véritables buissons, élégants, légers et gracieux, comme le Stylaster-éventail.

Les polypes coralliaires sont frileux ; ils ne peuvent se maintenir dans les régions où la température s'abaisse, ne fût-ce que momentanément, au-dessous de + 20 degrés ; leur domaine est, par suite, limité, au nord et au sud de l'Équateur, non par les lignes isothermes de + 20 degrés ou lignes d'égales moyennes

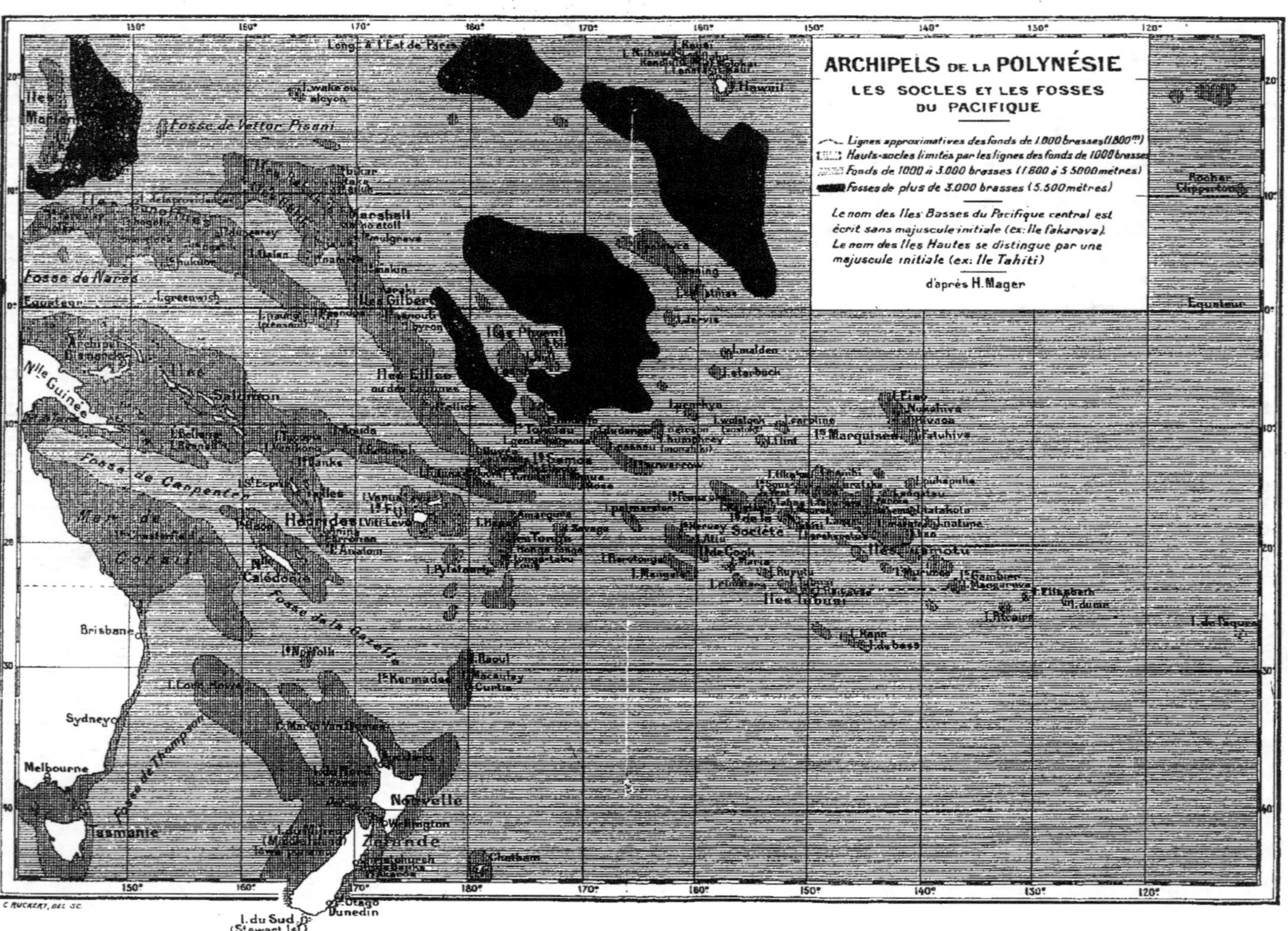

ARCHIPELS DE LA POLYNÉSIE
LES SOCLES ET LES FOSSES DU PACIFIQUE
Lignes approximatives des fonds de 1.000 brasses (1.800 m)
Hauts-socles limités par les lignes des fonds de 1.000 brasses
Fonds de 1.000 à 3.000 brasses (1.800 à 5.5000 mètres)
Fosses de plus de 3.000 brasses (5.500 mètres)
Le nom des Iles Basses du Pacifique central est écrit sans majuscule initiale (ex: île fakarava)
Le nom des Iles Hautes se distingue par une majuscule initiale (ex: Ile Tahiti)
d'après H. Mager
Long. à l'Est de Paris
Iles Marian
Fosse de Vettor Pisani
Fosse de Nares
Equateur
I.greenwich
Iles Gilbert
Marshall
I.wake ou Halcyon
I.Nihoa
Hawaii
I.Jarvis
I.malden
I.starbuck
Iles Pitcairn
Iles Ellice ou des Lagunes
Archipel Bismarck
Nlle Guinée
Iles Salomon
Fosse de Carpenter
Mer de Corail
Fosse de la Gazelle
Fosse de Thompson
Banks
I.St.Esprit
Hébrides
I.Fiji
I.Viti Levu
I.Anatom
Nlle Calédonie
Brisbane
Sydney
Melbourne
Tasmanie
I.Norfolk
I.Lord Howe
C.Maria Van Diemen
Auckland
Nouvelle Zélande
Wellington
Christchurch
I.du Sud (Stewart Isl.)
Otago
Dunedin
Chatham
I.Kermadec
I.Raoul
Macauley
Curtis
I.Pylstaart
I.Bapa
I.Amargura
Savage
Iles Tonga
I.Rarotonga
I.Cook
I.Maria
Iles Toubuai
I.Rapa
I.du bass
Iles Marquises
I.Nukahiva
Fatuhiva
Iles Société
Iles Tuamotu
I.Gambier
Mangareva
I.Elisabeth
I.ducie
I.Pitcairn
I.de l'Equateur
Roohau Clipperton
Equateur
C.RUCKERT, DEL SC.

thermiques, qui demeurent au nord du Tropique du Cancer et au sud du Tropique du Capricorne, mais par les lignes isochimènes, reliant les points qui conservent pendant les mois les plus froids une température d'au moins + 20 degrés.

Avides de lumière et d'oxygène, ils ne peuvent vivre en puissantes colonies dans les eaux profondes ; ils ne se développent pas au-dessous de 40 mètres, disent les uns, de 80 mètres, disent ceux qui constatent qu'on a dragué des Coralliaires vivant à l'entrée des passes de Tahiti par 73 mètres de fond ; encore faut-il qu'entre la surface et la profondeur de 40 ou 80 mètres, la température demeure supérieure à + 20°.

Ne pouvant s'enfoncer au-dessous de 40 ou 80 mètres, les bancs de Coralliaires ne peuvent reposer ni sur le fond de l'Océan, qui, entre les Tropiques, s'enfonce à une profondeur de 5.000 mètres en moyenne, ni sur les hauts fonds, qui sont eux-mêmes couverts de 1.000 et 2.000 mètres d'eau.

Les polypes à polypier se sont posés sur les sommets marins, qui s'élèvent presque au niveau de la surface des eaux, dans la zone où la température marine ne descend jamais au-dessous de 20°.

Or, tous ces sommets sont des volcans, des cratères ou des formations volcaniques de formes diverses ; les Coralliaires ont construit sur les bords de ces cratères ou de ces soulèvements volcaniques ; ils ont achevé l'œuvre de la nature *en exhaussant les masses éruptives.*

Les bancs madréporiques, qui couronnent ces cratères et ces masses éruptives, affectent une forme annulaire, tantôt ronde, tantôt ovale, plus souvent allongée, parfois irrégulière ; on les nomme Atol, du

mot employé dans les Iles Maldive pour désigner les
îles de formation corallienne, du mot asiatique *a-tol-u*,
qui signifie grappe, régime de fruits, et se rapproche de
tol-ua, qui désigne un groupe d'étoiles, une constel-
lation. Ils affleurent à la surface, et contre la cime de
leurs brisants viennent se heurter, en une éblouissante
écume, les lourdes vagues
de la mer, que les alizés
poussent sans trêve avec
violence ; la couronne des
polypiers ne s'élève pas
au-dessus des flots : les
polypes ne vivraient pas
hors de l'eau salée ; sur
les brisants, sur le récif,
s'étale une guirlande
d'îlots, semblable aux
perles d'un bracelet.

Qui créa ces îlots sur le
rempart madréporique ?
La violence des tempêtes
détache souvent de la mu-
raille vivante des blocs de
polypiers, que les vagues
puissantes jettent, dans

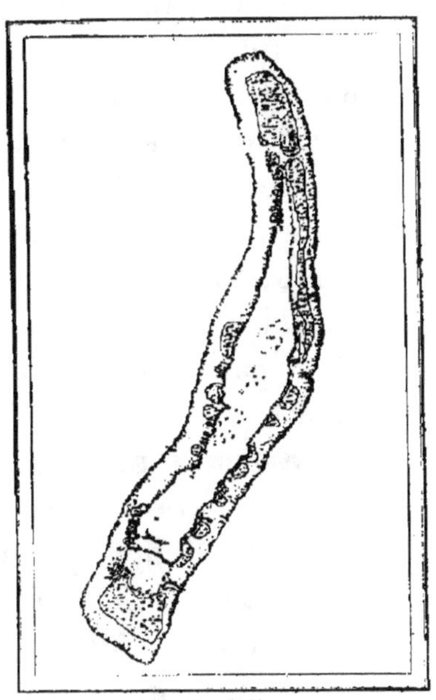

Ile Caroline.
Banc madréporique en Atol
avec Lagon.

leurs furies, sur les crêtes, où la sécheresse, la pluie,
le contact de l'air les décomposent ; des végétaux y
viennent échouer, entraînés par les courants ; des
oiseaux les couvrent de déjections ; un îlot est formé ;
des graines y sont déposées par les oiseaux ; des
plantes, des arbres germent, poussent, se reproduisent ; le cocotier élève vers la voûte azurée le feston
de ses vertes palmes : il porte avec lui un breuvage et

un aliment ; l'île devient habitable pour les naufragés
ou les fugitifs qui la toucheront.

Les anneaux madréporiques entourent un lagon,
en forme de soucoupe, dont les eaux sont calmes,
limpides et transparentes, où vivent des poissons,
moirés de vert et de bleu, qui se nourrissent de polypes, dont ils ne redoutent pas le venimeux contact.
Ces anneaux sont parfois ouverts de brèches larges
ou étroites, profondes ou dangereuses, que les
pirogues ou les goélettes de commerce peuvent. franchir pour pénétrer dans le lagon ; parfois, aucune
passe ne donne accès à l'intérieur de l'anneau doré ;
il faut transporter les pirogues à bras pour les passer
dans les lagons ; ces lagons communiquent avec la
mer par des canaux d'infiltration à travers le
corail.

Les Madrépores ne travaillent pas exclusivement
sur les sommets noyés ; ils construisent souvent sur
les hauts fonds qui entourent les terres émergées ;
ainsi, autour de Tahiti, ils ont élevé, à quelque distance de la côte, un *Récif-barrière*, ainsi nommé
parce qu'il protège l'île de la violence des flots : entre
le récif et le rivage s'étend un large canal d'eau paisible ; sur quelques points de l'île, les Madrépores se
sont rapprochés du littoral et, tout contre la berge,
ont bâti un récif qui, par sa situation, mérite le nom
qui lui a été donné de *Récif-frangeant*.

Bien que certains constructeurs de récifs, notamment ceux des espèces branchues, puissent élever
leurs remparts de plusieurs décimètres en une année,
M. Perrier, en tenant compte des causes multiples
de destruction, telles la violence des vagues et la
voracité des animaux friands de polypes, estime que

les récifs ne s'exhaussent guère que de vingt-sept millimètres par an.

Le Domaine polynésien

En nous élevant au-dessus du Pacifique pour en embrasser toute l'étendue d'un regard, nous y verrons, perçant l'immense nappe liquide, avec la Nouvelle-Zélande et les Iles Fiji, qui, nous l'avons dit, semblent avoir même origine que les terres à granit et les continents, toute une pléiade d'îles, les unes hautes, les autres basses ; les hautes sont des volcans émergés, les basses sont des constructions coralligènes édifiées sur des volcans noyés.

Ces îles sont—dans le domaine polynésien—disposées *sur six rangées parallèles*, qui coupent obliquement le Pacifique, à savoir : les Fiji et les Tonga en première ligne ; en deuxième, sur un immense haut-fond de plus de 3.500 milles d'étendue, les Marshall, les Gilbert, les Ellice, les Samoa, puis les Iles de Cook, et les Tubuai ; en troisième ligne, formant chapelet, les Iles Phœnix, les Iles Tokelau, l'Ile Suwarrow, et les Iles de la Société ; en quatrième ligne, quelques Sporades et les Iles Tuamotu ; les autres Sporades forment, avec les Marquises, la cinquième rangée ; plus septentrionale est la sixième rangée, que constituent les hauts-fonds du Nord-Est et l'Archipel Hawaii.

Approchons-nous de ces îles pour reconnaître la constitution de chacune d'entre elles.

Les Iles Tonga ou Toga s'élèvent sur un vaste plateau

marin, qui émerge en divers endroits, et qui prolonge
l'axe volcanique de l'Ile Nord de la Nouvelle-Zélande.
Des sondages effectués le long de cet axe ont montré
que, sous le 31e degré de latitude, au tiers du trajet,
gisent, par 3.816 mètres de fond, des débris volcaniques ; qu'aux deux tiers de l'axe, par 2.612 mètres
de fond, sont d'autres débris volcaniques ; que, sous
le 25e degré, par 1.300 mètres, d'autres débris volcaniques couvrent le lit de l'Océan ; que, sous le 24e degré, par 800 mètres de fond, la vase est volcanique ;
que, sous le 23e degré, sont des débris volcaniques et
des scories ; que, sous le 22e degré, près des îles les
plus méridionales du groupe des Tonga, les débris
volcaniques et les scories augmentent dans les fonds :
les navires croisent fréquemment dans cette zone des
pâtés de matières volcaniques qui flottent.

Les Iles Kermadec, qui sont situées entre la Nouvelle-Zélande et les Tonga, un peu à l'est de l'axe
dont il vient d'être parlé, ont les caractères des îles
volcaniques ; à Curtis, l'une de ces îles, un fort courant d'eau chaude coule du cratère, et des vapeurs
s'échappent des falaises sur différents points ; le sol de
l'Ile Macaulay est formé d'un fin limon volcanique de
couleur foncée, et un ancien torrent de lave se remarque sur la côte du Nord ; sur le littoral de l'Ile
Raoul, une petite île surgit de l'eau en 1870 ; les
navires mouillèrent à son abri jusqu'en 1877 ; à cette
époque, elle disparut.

Toutes les îles de l'Archipel Tonga ont une même
origine, qui ne peut être que volcanique. Deux formes
d'îles se présentent cependant, attestant cette commune origine : les unes sont élevées, les autres sont
basses.

Au nombre des premières est Eua, la plus méridionale, montagne marine, dont les sommets atteignent plus de 300 mètres ; Honga-tonga, de forme conique, à 6 milles de laquelle de la fumée a été aperçue sortant de la mer ; l'Ile Falcon, vue seulement en 1865, date de sa naissance peut-être, car elle est faite de cendres et de scories : elle s'écroule lentement, et, de 47 mètres, s'est abaissée à 7 ou 8 mètres ; de ses flancs s'échappent des jets de vapeurs ; l'Ile Tofua, un volcan, s'il en fut, haut de 854 mètres, qui s'est réveillé en 1885 et fume encore ; l'Ile Kao, qui dépasse 1.500 mètres d'altitude et a eu de fréquentes éruptions ; l'Ile Metis qui, vers le couchant, possède un cratère ouvert au niveau de l'eau et lançant une colonne de fumée ; l'Ile Late, dont le pic brûlait en 1854 et lança longtemps de la vapeur et des fumées ; l'Ile Vavau, que les forces volcaniques ont dû récemment modifier ; plus au nord, l'Ile Amargura, qui fut en partie détruite par une éruption de son cratère en 1847 ; les détonations furent entendues jusqu'à 160 milles de distance, des bois et des plantations furent endommagés par les déjections ignées, les navires qui passèrent à 100 milles au sud virent des scories flotter, et ceux qui étaient à 500 et 600 milles dans le nord-est furent poudrés de cendres. Les tremblements de terre sont si fréquents dans les Iles Tonga que les indigènes disent dans la fiction de leurs chants que le géant Mowi porte les îles sur son dos et que la terre remue lorsqu'il fait des efforts pour se débarrasser de son fardeau.

Au nombre des îles basses du groupe est Tonga-tabu, vaste jardin, bas, uni, tout couvert de sable corallien, que recouvre une légère couche d'humus ;

l'Ile Namuka est également de formation madréporique, avec lagon salé.

Passons à la deuxième rangée. Semées, sur cet immense haut-fond qui traverse l'Océan en diagonale, s'étendant presque d'un tropique à l'autre, les Marshall, les Gilbert, les Ellice sont des îles coralliennes.

L'Archipel des Marshall, disséminé sur un espace de 350 milles en largeur, de 400 milles en longueur, est formé de deux chaînes parallèles de bancs coralliens ne dépassant pas un mètre à un mètre et demi au-dessus de la mer ; la Chaîne Ratak, à l'est, se compose de 15 groupes circulaires, dont certains contiennent 32, 33 et 44 îles ; la Chaîne Ralik, à l'ouest, est une suite de 18 atol.

Quinze groupes coralliens, dont neuf au nord de l'Équateur et six au sud, portent le nom collectif d'Archipel Gilbert : toutes ces îles sont basses.

Neuf atol constituent l'Archipel des Iles Ellice ; certains de ces récifs sont ronds, comme Niutao, ou ovales, comme Vaitupu, avec un lac intérieur ; d'autres, largement ouverts, comme Nui, rappellent la forme d'un croissant.

A l'ouest des Ellice, gisent, en face les Nouvelles-Hébrides et les Salomon, archipels mélanésiens, les îles Anuda et Tucopia, les deux sentinelles avancées de la Polynésie dans cette direction.

Les Samoa se rangent à la suite des Ellice : c'est un groupe volcanique, entouré de quelques îles, basses comme Rose, hautes comme Nui-Afu ; comme, à l'ouest, Ouvéa ou Wallis, île française, enveloppée d'un grand récif-barrière, que coupent trois passes donnant accès dans le bassin circulaire qui s'étend entre le récif et la côte de l'île.

L'Archipel de Cook compte 9 ou 10 îles ; Rarotonga, la plus occidentale, est haute et d'origine volcanique ; sa silhouette rappelle Moorea ; elle dresse son principal sommet à 890 mètres d'altitude ; Mangia ou Mangaia, de moindre hauteur, n'atteint que 200 mètres ; Watiu ou Atiu, 120 mètres ; les autres îles sont basses : leur niveau varie entre 15 et 30 mètres.

Cinq îles constituent l'Archipel Tubuai : Maria, anciennement Hull, récif triangulaire avec un lagon intérieur peu profond ; Rimatara, île peu élevée ; Rurutu, plus haute avec un sommet de 400 mètres ; Tubuai, formée de deux terres montagneuses entourées d'un récif en partie submergé ; Raivavae, improprement appelée Vavitu, dont le sol s'élève à 320 mètres, qu'entourent des coraux et 27 îlots.

A l'extrémité de cette ligne de hauteurs marines se dresse Rapa ou Oparo, un ancien cratère en partie démantelé, que la mer a envahi par une large brèche.

Sur le 3e socle s'alignent sur 250 milles les 8 îles de l'Archipel Phœnix, qui sont basses et de formation madréporique ; sur 180 milles l'Archipel Tokelau ou de l'Union, dont les îles sont basses, formées de récifs coralliens à lagon ; puis Suwarrow, autre atol ; à la suite, se présentent les Iles Sous-le-Vent de Tahiti, c'est-à-dire les Iles Fenua-Ura ou Scilly, Bellingshausen, Mapetia, les Iles Motuiti, Maupiti, Borabora, Raiatea-Tahaa, et Huahine ; puis les Iles du Vent : Tubuai-Manu et Tetiaroa, avec Moorea et Tahiti ; plus loin se rencontrent Mehetia et quelques-unes des Tuamotu.

Fenua-Ura est un banc madréporique en anneau, sans passe, comme Bellingshausen, dont le lagon a des apparences bleuâtres ; Maupiti est au contraire montagneuse : c'est un volcan se dressant à plus de 200 mètres au milieu d'un atol; mais Motuiti est basse, comme Mapetia, et sans passe entre la mer et le lagon; Borabora est un massif de basalte, haut de 725 mètres au Temanu, longé par un récif-frangeant, que double un récif-barrière coupé d'une large passe; Raiatea et Tahaa sont des îles jumelles, entourées d'un même récif, coupé d'une dizaine de passes; toutes deux sont montueuses : Tahaa a des hauteurs de 500 mètres, Raiatea des pics de 1.000 mètres; Huahine, volcanique aussi, est formé de deux massifs, que sépare un bras de mer peu profond; Tubuai-Manu est une butte d'éruption, et Tetiaroa, toute différente des précédentes, est une île basse formée par un récif à fleur d'eau; Moorea, toute proche, est volcanique, comme Tahiti, dont nous avons, il y a quelques instants, esquissé l'aspect sévère et grandiose; Mehetia est un pic volcanique visible à 60 milles; les quatre îles qui suivent, et qui dépendent du groupe des Tuamotu, sont des récifs circulaires.

Le 4e socle est coupé dans sa partie septentrionale par quelques fosses profondes, qui le divisent en un chapelet, dont les grains sont marqués par Reirson et Humphrey, Penrhyn, Vostok, Caroline, Flint; à la suite s'étale l'archipel Tuamotu, que prolongent les Gambier : au delà gisent Pitcairn, Elisabeth et Ducie.

Reirson ou Rokahanga est un récif avec lagon intérieur, comme Humphrey ou Monahiki, comme Penrhyn; Vostok est une petite île sans lagon; Caroline un récif long et étroit, comme une bouteille de vin du Rhin; Flint, île basse, n'a pas ou n'a plus de lagon.

Les Tuamotu [1] sont un archipel de 76 îles à fleur d'eau, de 78 îles, selon l'*Annuaire officiel des Établissements français de l'Océanie*, qui compte pour deux îles Pukararo et Pukarunga et fait mention de l'Ile Tatakopoto, qui n'existe pas ; ces îles sont constituées par des massifs madréporiques de très faible élévation, de 100 à 800 mètres en moyenne de longueur sur 400 à 500 mètres de largeur, entourant un lagon ; sur ces bancs se sont formés de petits îlots, qui sont particulièrement nombreux dans la partie des récifs abritée de la grosse houle du sud ; les plus grands lagons sont ceux de Ragiroa, qui a près de 50 milles de long, et celui de Fakarava, qui en compte 90 milles : le lagon d'Anaa projette, dit-on, sur les nuages des reflets verts, qui, dans certaines conditions atmosphériques, s'aperçoivent nettement à grande distance.

Deux îles, toutefois, sur soixante-seize, n'ont pas

---

[1] L'administration française, qui, en Nouvelle-Calédonie, emploie pour écrire les noms indigènes une orthographe conforme à la valeur phonétique des lettres de l'alphabet français (écrivant par exemple Nouméa, Houaïlou Hienghène, Ouvéa), a jusqu'ici accepté, à Tahiti et dans les Archipels voisins, l'alphabet imaginé par les premiers missionnaires anglais qui vinrent évangéliser ces terres ; en adoptant cet alphabet à valeur conventionnelle, notre administration a considéré le polynésien et ses dialectes comme une langue désormais écrite ; il devient donc nécessaire de connaître la valeur des lettres de l'alphabet en usage à Tahiti et dans les Archipels voisins. En Nouvelle-Zélande, aux Samoa et aux Tonga, aux Hawaii, les voyelles se prononcent à peu près comme en Espagne : *u* se prononce en conséquence ou ; *ai* se prononce aïl à Tahiti et a-ï aux Marquises ; *ng* tient le milieu entre ng et le gn français, le ng se rattachant à la voyelle qui suit.

On prononcera tou-a-mo-tou pour Tuamotu ; — tou-bou-aï pour Tubuai ; — hou-a-hiné pour Huahine ; — ou-a-hou-ka pour Uauka ; — pape-i-ti pour Papeete ; — fa-ré-ou-té pour Fare-Ute ; — a-rou-é pour Aruc ; — ou-vé-a pour Uvea.

de lagon : Tikei, qui n'en a jamais eu, et où les Madrépores ont travaillé sur toute la surface ; Makatéa, qui avait autrefois un lagon, avant que son niveau n'ait été élevé par des exhaussements successifs.

L'Archipel des Gambier est un petit groupe de huit ou dix îlots élevés, entourés d'une ceinture de coraux coupée de trois passes ; l'îlot principal, Mangareva, a deux sommets de 400 mètres ; à ce groupe est rattaché, au point de vue administratif, Timoe, un anneau de corail, sur lequel la mer brise avec assez de violence pour y rendre le débarquement impossible.

Pitcairn est une île haute ; son sol est volcanique, ses côtes en falaise et à pic. Elisabeth, quoique basse, puisqu'elle ne dépasse pas 24 mètres d'élévation, est d'origine volcanique. Ducie est un atol. Au delà, perdue au loin, se dresse l'Ile de Pâques ou Rapa-Nui, la Grande-Rapa, bloc de lave triangulaire, dont chacun des angles est marqué par un cône volcanique, un *rano*, dont le cratère est rempli de flaques d'eaux ferrugineuses et sulfureuses. Salas-y-Gomez, plus à l'est, aux extrêmes limites de la Polynésie, est un amas de rochers de couleur sombre.

Le 3e alignement est marqué par deux larges bornes : l'une, au nord, porte Palmyra, massif corallien compact ; Fanning et Christmas, près desquelles surgissent, un peu en retrait, Jervis, qui depuis son soulèvement n'a plus de lagon, Malden, île de corail avec un lagon central, dont le niveau suit le mouvement de la marée, Starbuck, autre île de corail jadis couverte de guano.

Sur la seconde borne, se dressent les Marquises : l'archipel compte 11 îles, divisées en deux groupes :

Nukahiva, qui mesure 32 kilomètres du nord au sud, est la plus importante du Groupe nord-ouest ; Hivaoa, avec 39 kilomètres de l'est à l'ouest, appartient au Groupe sud-est ; toutes ces îles, comme le prouve la présence de scories et de basaltes, sont d'anciens volcans en repos depuis les âges les plus lointains ; on rencontre de nombreuses sources d'eau minérale gazeuse sur ces terres volcaniques et une source sulfureuse dans l'Ile Hivaoa ; les Madrépores sont absents de cet archipel ; aucun récif de corail ne s'y rencontre.

L'Archipel Hawaii, appelé par les Anglais, après Cook, Archipel Sandwich, forme le 6e alignement. La grande Hawaii, comme les sept îles voisines, est d'origine volcanique, tandis que les îles qui s'élèvent sur le même socle, plus à l'ouest, sont des constructions madréporiques, notamment les Basses des Frégates françaises.

Les Iles Hawaii méritent une attention particulière ; nous y retrouvons des manifestations volcaniques aussi puissantes que dans l'Ile Nord de la Nouvelle-Zélande.

L'Ile Hawaii possède 4 volcans : le volcan le plus élevé se dresse à 4.582 mètres : c'est le Maunakea, appelé aussi Montagne-Blanche, parce que, bien qu'il n'atteigne pas la limite des neiges perpétuelles, il reste plusieurs mois chaque année drapé de sa tunique blanche ; il n'a plus de bouche fumante. Maunaloa, la Grande-Montagne ou Volcan du Sud, porte son sommet a plus de 4.000 mètres ; il a, au cours du siècle dernier, le xixe, jeté des torrents de lave dans toutes les directions ; si la large coulée de 1843 n'atteignit pas la mer, celle de 1852 s'étendit jusqu'à la région cultivée et rasa plusieurs villages ; la coulée de 1855,

4

sortie des flancs du dôme supérieur, atteignit une longueur de 100 kilomètres, sur une largeur de quatre à cinq kilomètres, et couvrit ainsi 500 kilomètres carrés, avec une épaisseur, qui, par endroits, atteignait 100 mètres ; depuis 1859, en 1868, en 1872, en 1875, 1876, 1877, en 1886, nouvelles éruptions et nouvelles coulées. Le Mauna-Hualalai dépasse 2.500 mètres ; ses torrents de lave s'étendent parfois jusqu'à la mer. Le Kilauea présente un phénomène unique au monde : c'est une immense cuve de 300 mètres s'ouvrant à 1.200 mètres d'altitude, sur le sol même, au milieu d'une plaine désolée ; tantôt elle est remplie de lave jusqu'aux bords, tantôt elle est presque vide ; on voit alors au fond du cratère un grand nombre de petits cônes, qui lancent à courts intervalles des fusées de lave ; de cette chaudière, les laves n'ont jamais débordé, mais on les a vues en 1868 se faire jour à 100 kilomètres plus bas et tomber en cascades de feu dans la mer : l'une de ces coulées a donné plus de 5 milliards de mètres cubes de lave.

L'Ile Kauai n'est entourée de polypiers qu'au nord, loin des anciennes émanations sulfureuses de Haleahala, la Maison du Soleil.

Les Iles Hawaii, l'Ile de Pâques, la Nouvelle-Zélande, l'Ile Tucopia sont les *bornes volcaniques* du domaine polynésien, auquel en outre se rattachent, formant la Polynésie occidentale, les Iles Carolines, Palaos et Mariannes.

Au fond de l'Océan

Le 21 décembre 1872, une corvette à hélice de 2.300 tonnes, pourvue d'une machine à vapeur de 1.234 chevaux, le Challenger, quittait Portsmouth.

Elle était commandée par le capitaine George Strong Nares ; elle portait une Commission scientifique, présidée par le professeur Charles Wyville Thomson, qui avait déjà étudié, en 1868, la faune des profondeurs de l'Atlantique et qui se chargea de l'étude des animaux inférieurs ; les autres membres étaient : le chimiste Buchanan, chargé des recherches de chimie ; le naturaliste Murray, chargé de l'étude des vertébrés ; le naturaliste Moseley, qui, quoique botaniste, devait faire de magnifiques travaux sur les polypes hydraires incrustés de calcaire ; le naturaliste von Willemoes Suhm, qui mourut dans la traversée du Pacifique ; le dessinateur Wild, en même temps secrétaire de la Commission.

Le navire était merveilleusement aménagé pour sa campagne scientifique. Sur le pont supérieur avaient été installées des salles pour les préparations des naturalistes, pour les analyses. Si nous descendons dans le grand pont, nous y verrons le laboratoire d'études naturelles, vaste et parfaitement éclairé par de larges ouvertures ; au centre est une table immense, avec quatre microscopes fixés par des vis pour défier les mouvements de tangage et de roulis, avec des encriers maintenus entre des cadres solides, avec des ciseaux, des pinces, des scalpels en nickel pour ne pas craindre les attaques de l'eau de mer, avec, en un mot, tout le nécessaire; sur les côtés, des tables de travail, avec, à portée de la main, des robinets d'eau de mer et des robinets d'alcool apportant le liquide logé dans les bastingages; sur les parois, d'une part des bocaux assujettis par des tringles, de l'autre des livres; au plafond, deux lampes suspendues, avec des boîtes de botanique, des harpons, des préparations de toutes sortes : pas une place inoccupée.

Tout proche, mais restreint aux dimensions d'une simple cabine, est le laboratoire de chimie, qu'emplissent, serrés les uns contre les autres, les uns au-dessus des autres, des appareils d'analyses, des dosimètres, des alambics, des flacons, des bouteilles à réactifs et à eau de mer, des cornues chauffées par des lampes à alcool soutenues par des suspensions.

Nous apercevons, complétant ce matériel scientifique, des dragues, des filets, des sondes dérivant de l'appareil imaginé en 1854 par l'aspirant Brooke, de la marine des États-Unis, et un aquarium avec de l'eau sans cesse renouvelée.

Le Challenger devait, pour débuter, effectuer quatre fois la traversée de l'Atlantique; après avoir fait escale à Lisbonne, en janvier 1873, à Madère et aux Canaries, il fit route vers les Antilles et vers la Nouvelle-Écosse, puis il revint par les Bermudes jusqu'aux Açores et, des Açores, se dirigea vers les côtes du Brésil; de l'Amérique du Sud une quatrième traversée le porta dans l'Afrique du Sud, au Cap.

Il quitta la Baie de Cape-Town en décembre 1873 pour aller explorer les zones glaciales, qui s'étendent au sud de l'Océan Indien; le 1er mars de l'année suivante, il atteignait le port de Melbourne, sur la côte méridionale du continent australien. Son exploration du Pacifique allait débuter. Suivons-le dans sa course sinueuse.

De l'Australie et de Sydney, il vient passer par le Détroit de Cook, entre l'Ile Nord et l'Ile du Milieu de la Nouvelle-Zélande; il vire vers le nord, traverse les Tonga, puis les eaux des Fiji où, par un fond de 3.540 mètres, il drague un nautile vivant; il sort définitivement du domaine polynésien pour aller étudier le Détroit de Torrès et les parages voisins des Molukkes, de Celebes, des Philippines; il revient vers le nord de la Nouvelle-Guinée, côtoye la Polynésie occidentale en coupant les Carolines et en longeant les Mariannes; il atteint le Japon et revient à l'est; au voisinage des Kouriles, sa sonde descend, le 23 mars 1876, jusqu'à 8.189 mètres : c'était la plus grande profondeur qu'il eût encore rencontrée; par les Iles Hawaii, les Iles de la Société et Tahiti, les Iles Tubuai, il se dirige vers le Détroit de Magellan, et, après avoir une cinquième fois traversé l'Atlantique, il rentre à Portsmouth, le 24 mai 1876, après 42 mois d'expédition, ayant parcouru 32.000 lieues, ayant opéré 492 sondages, ayant donné 234 coups de drague.

Le voyage du Challenger et les sondages exécutés depuis 1876, pour les études des fonds marins en vue de la pose des câbles transocéaniques, ont fait connaître la topographie du lit de l'Océan Pacifique.

Les îles qui émergent au-dessus de la surface des eaux, ou les hauteurs noyées qui supportent des constructions madréporiques s'élevant jusqu'au niveau des flots, ont attiré notre attention au chapitre précédent et nous ont paru former six grandes murailles parallèles se dressant du fond de l'Océan.

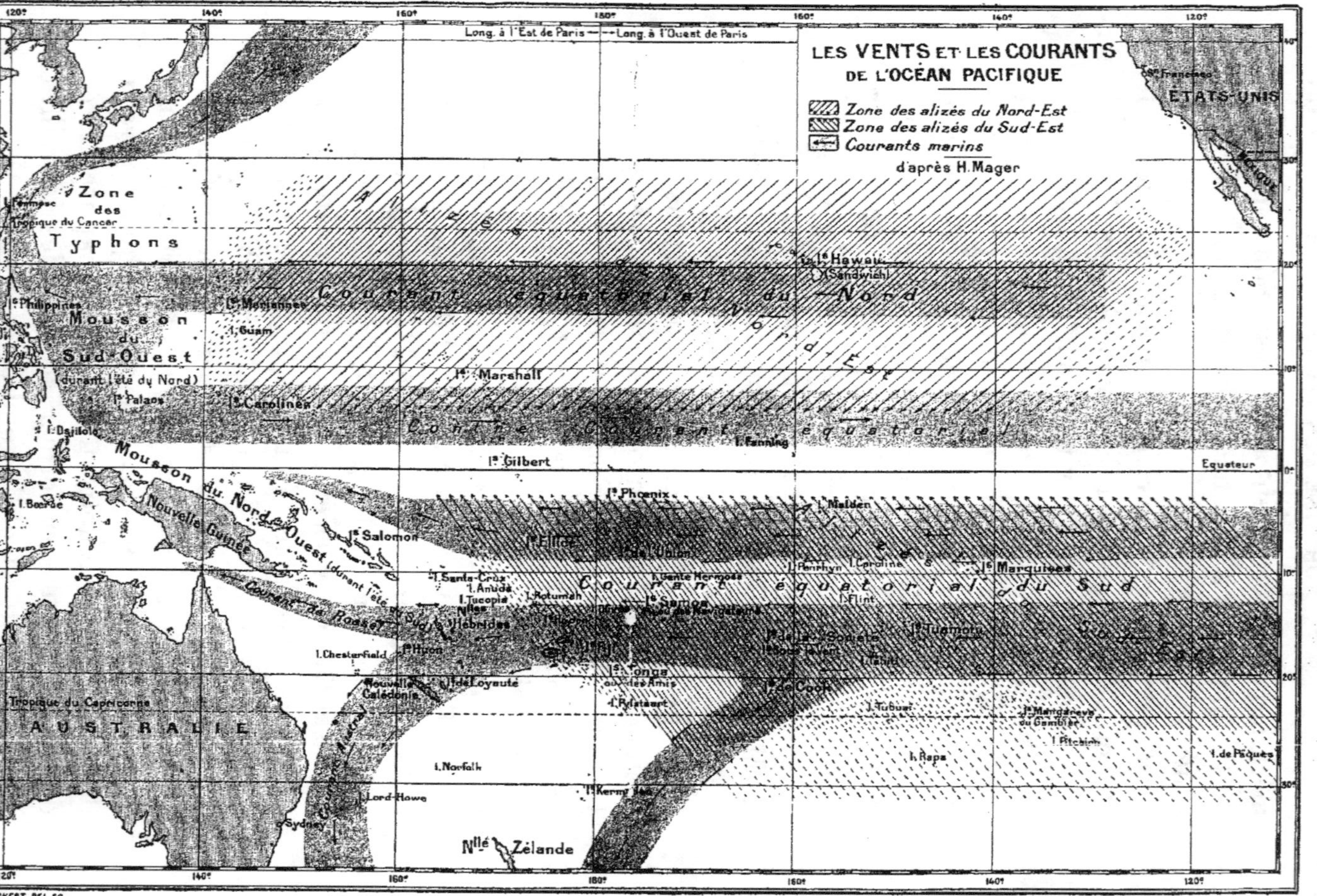

LES VENTS ET LES COURANTS
DE L'OCÉAN PACIFIQUE
Zone des alizés du Nord-Est
Zone des alizés du Sud-Est
Courants marins
d'après H. Mager
Long. à l'Est de Paris — Long. à l'Ouest de Paris
ÉTATS-UNIS
Mexique
S.t Francisco
Zone des Typhons
Tropique du Cancer
I.s Philippines
Mousson du Sud-Ouest
(durant l'été du Nord)
I.s Palaos
I. Djilolo
I.s Mariannes
I. Guam
I.s Carolines
I.s Marshall
Courant équatorial du Nord
Alizés
I.s Hawaï (Sandwich)
Contre Courant équatorial
I. Fanning
I.s Gilbert
Équateur
Mousson du Nord-Ouest
(durant l'été du Sud)
I. Booroe
Nouvelle Guinée
I.s Salomon
I. Santa-Cruz
I. Amuda
I. Tucopia
I. Rotumah
I.s Phoenix
I. Ellice
I.s Union
I.s Navigateurs
I.s Phoon
Courant du Passet
Nelles Hébrides
I. Chesterfield
Sante Hermosa
Penrhyn
I. Carolina
Alizés
I. Maiden
I. Flint
Courant équatorial du Sud
I.s Marquises
I.s Société
I.s Tuamotu
Nouvelle Calédonie
I.s de Loyauté
I.s Tonga
ou des Amis
I. Rotateart
I.s Cook
Tropique du Capricorne
AUSTRALIE
Courant Australien
I. Norfolk
I. Lord-Howe
Sydney
I.s Kermadec
I. Tubuaï
I. Rapa
I.s Mangareva
ou Gambier
I. Pitcairn
I. de Pâques
Nelle Zélande
C. RUCKERT, DEL. SC.

La partie immergée de ces murailles a une hauteur de 5.000 mètres en moyenne ; de nombreuses brèches les morcellent en fragments, qui, pour être isolés, n'en marquent pas moins la direction générale des axes de soulèvement.

Si entre chaque alignement la sonde reconnaît des fonds de 5.000 mètres, nombreuses sont les zones où le sol du Pacifique se creuse en fosses plus profondes.

Entre le socle portant les Ellice et le socle des Phœnix s'étend la Fosse d'Hilgard, profonde de 6.000 et 6.100 mètres ; entre le socle des Phœnix et le socle de Fanning se creuse la Fosse de Miller, avec des fonds de 6.300 mètres ; presque aussi basse est la Fosse de Belknap entre l'Ile Fanning et l'Archipel Hawaii.

Le socle que limite Hawaii est entouré des plus grands fonds du Pacifique : au sud, la Fosse de Belknap et la Fosse d'Ammen, profondes de 5.600 mètres ; au nord, la Fosse de Wyman, profonde de 6.000 mètres, et la Fosse de Tuscarora, où la sonde du Challenger est descendue à plus de 8.000 mètres.

Le *Nero*, de la Marine des États-Unis, a mesuré depuis, au sud de l'Ile Guam, à l'extrémité de la Fosse du Challenger, qui longe les Mariannes, une profondeur de 9.435 à 9.635 mètres, qui a été appelée la Fosse des Fosses.

Dans ces grandes fosses, on ne trouve ni gravier, ni roche nue ; le sol ne contient pas de carbonate de chaux, comme les boues recueillies à 1.000 et 3.000 mètres ; il est composé d'une argile formée de foraminifères, de radiolaires, de diatomées, de dents de requin, de squelettes de cétacés, de déjections volcaniques.

Les débris volcaniques abondent à toutes les profondeurs : vers les Iles Hawaii, on a pu en recueillir sur les socles et dans les fosses ; vers les Tonga, à l'autre extrémité, des débris et des vases volcaniques ont été relevés sur les fonds de 500 mètres, de 800 mètres, de 1.000 mètres, de 2.000 mètres, de 4.000 mètres, de 8.000 mètres.

Le lit des mers *n'est pas stable.* Assez semblable au plancher des ascenseurs, il monte sur certains points, s'abaisse sur d'autres, en un même point il se lève et descend parfois [1].

Des preuves de l'exhaussement du sol ont été remarquées dans les six rangées volcaniques des mers polynésiennes. Dans la 1re, Vavau, de l'Archipel Tonga, qui est basse au sud, a dû être soulevée à une époque récente dans sa partie septentrionale, qui est élevée ; à Rapa, dans la 2e rangée, on rencontre sur une coulée de basalte une couche de lignite de un mètre et demi d'épaisseur qu'un mouvement du sol a exhaussé ; l'Ile Jervis, au nord de la 4e rangée, porte les signes incontestables d'un soulèvement récent : le lagon intérieur s'est asséché en s'élevant de 2 mètres à 2 mètres 50 centimètres ; Makatea, au nord-ouest de l'Archipel Tuamotu, dans la 5e rangée, se trouve dans le même cas ; autrefois cette île était annulaire et un lagon marquait son centre ; l'île tout entière a été soulevée à 70 mètres de hauteur, ses côtes appa-

---

[1] Durant le cataclysme, qui a secoué les Petites Antilles, en mai 1902, et s'est manifesté par de si cruels effets à la Martinique et à Saint-Vincent, sur la côte ouest de l'Ile Saint-Vincent, le village de Wallibou, situé sur le littoral, au pied de la Soufrière, s'est enfoncé et est en partie submergé, tandis que le village voisin, Richmond (l'ancien Château Bel-Air) s'est, au contraire, surélevé.

raissent maintenant comme des falaises verticales, sur lesquelles il est facile de suivre les phases de l'exhaussement ; il en est de même pour Hawaii, dans la 6ᵉ rangée ; le témoignage de Reclus atteste des traces d'exhaussement dans cette île ; çà et là on y rencontre d'anciennes plages situées à différents niveaux sur les pentes des montagnes ; dans une des îles du groupe de Maui, un banc de corail, moderne en apparence, se développe sur une assez grande longueur, à 150 mètres au-dessus de la mer ; à Kauai une autre berge coralligène, moins distincte, quoique reconnaissable, contourne le grand volcan, à l'altitude de 1.200 mètres ; on a constaté que les écueils du port de Honolulu se sont exhaussés, depuis l'année 1794, de plus d'un mètre, au grand désavantage de la navigation.

Dans le domaine polynésien les terres s'élèvent plutôt qu'elles ne s'abaissent ; mais, sans sortir du Pacifique, nous voyons des terres qui descendent : M. Montano relate dans son Rapport de mission aux Philippines, qu'au sud-est de l'Ile Mindanao les mers envahissent certaines forêts, qui s'abaissent.

A la surface des Mers

Les océans ont leurs fleuves, comme les terres continentales : ces fleuves se nomment *courants*.

L'Océan Pacifique est traversé par deux grands courants, qui se meuvent l'un au nord de l'Équateur, l'autre au sud, dans le sens de la marche apparente du soleil, c'est-à-dire de l'est à l'ouest.

Le Courant équatorial du Nord se forme vers le 130e degré (à l'ouest du premier méridien) : sa largeur est de 300 milles, soit plus de 550 kilomètres; il enserre l'Archipel Hawaii, traverse les Mariannes, atteint le nord de Luzon, se coude, se resserre vers Formose, où son lit ne dépasse guère 100 milles, puis se dirige vers le nord, en formant un circuit analogue à celui du Gulf-Stream sortant du Golfe du Mexique; au large de Nippon, il s'étale de nouveau sur 500 milles, puis se déploie en éventail du Kamtchatka à la Presqu'île d'Alaska : sa couleur bleu foncé dans cette partie de son cours lui fait donner le nom de Kuro-Sivo ou Torrent-Noir; la plus grande partie de ses eaux, traversant le Pacifique, va toucher la côte d'Amérique vers l'Alaska; il s'incline avec lenteur dans le sens du littoral, se fond dans le courant froid, qui, des régions polaires, vient frapper les côtes de la Californie, se perd, mais renaît au 130e degré; il renaît tiède et gagnera trois ou quatre degrés au cours de sa traversée.

Le Courant équatorial du Sud prend naissance vers le 90e degré; sa largeur s'étale sur près de 900 milles, soit plus de 1.600 kilomètres; il est en réalité formé de deux cours parallèles : l'un traverse les Marquises, où, de 26° à son début, il atteint déjà 29°; il s'engage dans l'espace compris entre l'Archipel Gilbert et l'Archipel Ellice et se perd au nord de la Nouvelle-Guinée; l'autre, plus intense, traverse le nord de l'Archipel Tuamotu, enserre Tahiti et les Iles Sous-le-Vent, passe entre les Samoa et les Tonga, atteint les Fiji et se divise vers les Hébrides en deux branches : l'une, le Courant de Rossel, gagne le Détroit de Torrès; l'autre passe entre l'Australie et Lord-Howe, incline vers le sud de

la Nouvelle-Zélande, puis se recourbe vers l'est sous le
nom de Courant austral, traverse les zones froides,
atteint les côtes du Chili, se recourbe à la hauteur du
Pérou et renaît à la hauteur du Tropique, vers le
90e degré ; vers les Iles de Cook, une branche se
détache du Courant équatorial du Sud ; elle se dirige
vers la Nouvelle-Zélande, passe entre ces Iles et les
Chatam, puis va se joindre au Courant austral.

Entre les deux courants équatoriaux, à quelque
distance au nord de la Ligne, entre le 2e et le
8e degré, le Pacifique est parcouru par un Contre-
courant, partant d'Asie vers l'est et ne s'arrêtant qu'à
une faible distance de la côte américaine dans le
Golfe de Panama ; sa largeur est peu fixe et sa vitesse
peu régulière, comme son cours : il serait dangereux
pour les marins de s'y fier.

Les deux courants équatoriaux se meuvent vers
l'ouest avec une vitesse très variable, en moyenne
cependant de 18 à 36 milles par jour (de 32 à 64 kilomètres) ; ces courants sont si puissants parfois que les
voiliers ne peuvent avancer vers l'est.

Les courants peuvent être comparés aux *trottoirs
roulants*, dont tout le monde a souvenance : un
navire qui se place dans un courant marche avec lui.

Cependant les vents sont encore plus utiles à la
navigation que les courants, puisque les *alizés* ont
une vitesse de 14 milles à l'heure (soit de 26 kilomètres).

L'air échauffé dans les régions équatoriales se
dilate ; devenu léger, il s'élève vers les hauteurs de
l'atmosphère, le vide qu'il laisse tend à se combler ;
de là, deux courants de remplacement qui, théori-
quement, suivent une direction nord-sud dans un

hémisphère, sud-nord dans l'autre ; par suite du mouvement de rotation du globe, ces courants aériens s'infléchissent vers l'ouest dans le sens des barbes d'une plume : le nord-sud devient le vent du nord-est, et le sud-nord devient le vent du sud-est.

Dans la partie de la zone équatoriale du ciel située au-dessus de la bande immobile des eaux, entre le Courant équatorial du Sud et le Contre-courant du Nord, plane un anneau de nuages sur 8 degrés et demi, entre 6° nord et 2° 30′ sud ; toutefois son étendue est très variable ; elle peut s'étendre sur 11°, sur 15°, sur plus même, ou se réduire à rien.

Dans cette zone, où les nuages empêchent le mouvement d'appel, il n'y a pas de vents réguliers ; le navire y peut être tour à tour le jouet des calmes, des vents tournants, des brises folles, d'orages avec pluies diluviennes : c'est le Pot-au-noir des marins.

Au nord de cette zone des calmes, régnent les Alizés du Nord-Est, qui, selon la saison, s'arrêtent au 14e degré (de juillet à septembre) ou descendent jusqu'au 6e nord (de janvier à mars) ; au delà du Tropique, ils se font sentir jusqu'au 25e degré et au 29e degré ; ils commencent à être régulièrement établis à une distance d'environ 300 ou 450 milles au large de la côte américaine et soufflent de Revilla-Gigedo jusqu'aux Mariannes et aux Carolines, sur une aire de 100 degrés. Ils ont leur plus grande force lorsque le soleil est dans l'hémisphère sud, c'est-à-dire d'octobre à avril ; quand le soleil revient dans l'hémisphère nord, ils peuvent être contrariés. Les Iles Hawaii, situées dans cette zone, reçoivent pendant toute l'année les Alizés du Nord-Est.

Au sud de la zone des calmes, s'étend, entre 2° 30′ ou

5° 30' et 25° ou 31° sud, la zone des Alizés du Sud-Est. Ces vents s'établissent à 250 milles de la côte d'Amérique et soufflent assez régulièrement jusqu'aux Marquises et aux Tuamotu ; au delà, ils éprouvent, lorsque le soleil est dans leur hémisphère, des déviations, qui leur donnent l'apparence de moussons ; d'octobre à avril, entre les Tuamotu et les parages de la Nouvelle-Calédonie, les brises soufflent de l'est, comme de l'ouest, ce qui rend moins difficile en cette saison les traversées de l'ouest à l'est, bien que les indigènes se défient, avec raison, des vents d'ouest, qui ne durent pas. A partir d'avril, l'Alizé du Sud-Est domine, sans être parfaitement établi, ce qui rend faciles les traversées des îles océaniennes à la Nouvelle-Guinée et à l'Australie, à la double faveur des vents et des courants ; en septembre, les vents du sud-est mollissent ; en octobre, commencent les vents variables de l'ouest et les grains.

Dans les Tuamotu, la régularité de l'Alizé est influencée par l'évaporation des lagons ; lorsque le soleil darde ses rayons presque perpendiculaires, l'eau enfermée dans ces cuvettes est échauffée de plusieurs degrés : les lagons deviennent des chaudières ; l'évaporation est abondante ; une large bande d'azur marque dans le ciel la trouée de la colonne d'air ; c'est une région d'appel où tendent à se porter les masses d'eau des parages avoisinants ; l'Alizé, qui vient de l'est, rencontre, à la lisière de ces îles, le mouvement ascensionnel des couches d'air, qui lui forment obstacle ; lorsque l'action du soleil est faible, de juin à septembre, il passe ; lorsque le soleil est fort, en janvier, février, mars, et que le mouvement ascensionnel est puissant, il est arrêté ; l'archipel éprouve des calmes, des vents variables, ceux du nord et du nord-est étant les plus fréquents ; c'est aussi la saison des tempêtes tournantes.

Les tempêtes tournantes des Tuamotu s'annoncent par une grosse mer, avec légère brise d'est ; le baromètre passe de 764 ou 763^{mm} à 744^{mm} ; la pluie tombe ; l'horizon s'obscurcit ; la tempête commence. L'ouragan atteint son maximum lorsque le baromètre cesse de descendre.

Pendant la tempête tournante des 7 et 8 février 1878, qui est la plus violente dont le souvenir se soit conservé, le vent tournait autour du centre, de gauche à droite, dans le sens des aiguilles d'une montre, comme dans les cyclones de l'hémisphère sud ; le rayon du tourbillon était de 70 milles environ ; le centre suivit une trajectoire du nord-ouest au sud-est, en passant un peu à l'ouest de Kaukura et d'Anaa, avec une vitesse de 7 milles à l'heure environ ; à Kaukura, deux navires ont été transportés en pleine terre, l'un d'eux à plus d'un mille du rivage ; plus de cent indigènes furent enlevés par les eaux, qui, s'élevant de la mer, balayèrent les arbres et les cabanes du récif ; Anaa[1], qui était à cette époque le chef-lieu des Établissements secondaires des Tuamotu, fut complètement saccagé.

Dans le voisinage des grandes îles dominent des brises régionales alternantes. A Tahiti, l'échauffement des terres pendant la journée appelle le vent et

---

[1] Le *Nouvel Atlas Colonial* de Henri Mager (E. Flammarion, éditeur) contient une carte très soignée des Tuamotu, des Marquises, des Iles de la Société, de toutes les îles françaises du Pacifique, à l'échelle uniforme du 8.000.000^e, avec développement au 2.000.000^e pour quelques îles importantes.

crée une brise soufflant du large de 9 heures du matin
à 5 heures de l'après-midi ; le soir et la nuit, le refroi-
dissement des montagnes produit un phénomène
inverse : la brise, le *hupe*, souffle de terre à partir de
8 heures du soir jusqu'à 7 heures du matin et permet
aux goélettes de sortir du port.

Au delà de la zone des vents alizés s'étendent, dans
les deux hémisphères, sur 10 ou 12 degrés, les Régions de calme ou de Vents variables des Tropiques,
sans direction constante.

Ces rapides notions permettront de comprendre les
difficultés de certains trajets à la voile à travers le
Pacifique, puisque cet océan ne possède pas, comme
certains autres, un régime de moussons soufflant
en vent d'aller pendant une saison, en vent de retour
pendant la suivante ; puisque les vents réguliers
poussent toujours dans la même direction, et que
lorsqu'ils tombent, ce sont des vents irréguliers et
passagers qui s'élèvent.

Nous aurons à examiner dans les chapitres qui vont
suivre si le peuplement des émergences volcaniques et
madréporique de la Polynésie a été aidé ou contrarié
par les courants et les vents.

CHAPITRE II

ORIGINE DES PEUPLES

Les monuments de l'Ile de Pâques

L'Ile de Pâques, que ses habitants appellent du nom pittoresque de *Tepito te Fenua* ou le Nombril de la Terre, présente la forme d'un triangle, ayant une superficie totale évaluée à deux ou trois fois la surface de Paris.

A chaque extrémité, un cratère éteint, en langue indigène, un *rano* ou trou à eau ; partout des laves, des basaltes ; l'obsidienne, roche vitreuse des terrains volcaniques récents, qui se rencontre fréquemment au Pérou, et dont les Incas faisaient des miroirs, est si abondante, dans cette île, que ses fragments rendent parfois la marche difficile.

Le sol est creusé de sombres cavernes, qui ont servi de refuge aux jours de danger ; beaucoup d'herbes, quelques buissons, peu d'arbres, parce que la saison fraîche est mortelle pour l'arbre à pain à Rapa-Nui (l'Ile de Pâques), comme à Rapa, toutes deux situées par 27 degrés de latitude sud ; parce que le coco n'arrive pas à maturité ; le bois étant rare, les habitants n'ont pas de pirogues, pas d'armes de jet.

Dans cette petite île, existent des monuments de proportion colossale.

Figurez-vous une grande *plate-forme* de 150 mètres de longueur — l'Arc-de-Triomphe de l'Étoile, à Paris, n'a que 44 mètres — sur 2 m. 50 c. de hauteur et une égale largeur, portant 5, 10, 15 *statues*, faites d'un seul bloc, ayant 15 et 20 mètres de hauteur, étant chacune plus haute que la maison de Paris la plus élevée ; l'une de ces statues atteint, en hauteur, 21 mètres 30 centimètres.

Une seule plate-forme de ce genre serait une œuvre à citer : les marins en ont vu plus de 200 ; l'exécution de 5, 10, 15 statues, d'une taille si fantastique, paraît une merveille digne d'être rangée, par ses proportions, près de l'Apollon colosse élevé à l'entrée du Port de Rhodes, trois siècles avant l'ère chrétienne, par le sculpteur Kharès de Linde, ou près de la statue de Jupiter, de 13 mètres de hauteur, que Phidias exécuta pour le Temple d'Olympie, en Elide ; ce ne sont pas 5, 10 ou 15 statues qui ont été vues à l'Ile de Pâques : on en a compté plus de 500 !

Les statues de Tepito te Fenua, appelées *Moai* dans l'île — d'un mot polynésien dont se rapproche le marquisien *mohai*, offrande, — furent taillées dans un trachyte dur et gris ; le corps n'est pas dégrossi ; la tête seule est soignée ; sous un fort sourcil, l'œil est enfoncé profondément ; les pommettes sont peu saillantes ; le nez est droit, large et long ; les narines très ouvertes ; le lobe de l'oreille très allongé, pendant et percé ; les lèvres minces ; le sommet de la tête est aplati, parce qu'il devait recevoir un chapeau ou *Pukao*, en pierre rougeâtre de Hangaroa, d'un modèle assez semblable, au bord près, à nos hauts-de-forme :

ceux-là avaient souvent 1 mètre de hauteur sur 2 mètres de diamètre; les artistes signaient leurs œuvres.

L'un des officiers de marine, qui, avec le Seignelay, toucha l'Ile de Pâques, en 1877, a visité l'atelier où ces statues ont été travaillées; il en a vu à tous les degrés de fabrication : les unes encore attachées à la carrière, entourées de leurs éclats; les autres finies, mais abandonnées pendant qu'on les conduisait à la plate-forme.

Suivons-le dans sa visite au cratère de Ranororaka, un immense chaudron de 600 mètres dans son plus grand diamètre en ovale, aux murailles trachytiques de 200 et 300 mètres de haut, tapissées de verdure; le fond est couvert de joncs et de roseaux au milieu de flaques d'eau sulfureuse.

Les premières statues, au nombre 40, disposées en trois groupes, se rencontrent sur le flanc intérieur du cratère, face au nord; plusieurs sont à l'état d'ébauche et permettent de voir la façon dont le travail était exécuté, de comprendre les procédés employés pour transporter les blocs sculptés et les mettre en place.

Les sculpteurs, disait M. Pinard, en 1878, devant la Société de Géographie de Paris, choisissaient toujours, pour tailler leurs statues, une roche située sur un plan assez incliné; ils les façonnaient sur cette roche même, sur place, avec des lames d'obsidienne, des ciseaux en pierre noire de 0 m. 40 c. de longueur, et ce n'est qu'après leur avoir donné le dernier fini, qu'ils s'occupaient de les en séparer; ils perçaient en dessous un certain nombre de trous parallèles et, ainsi isolées de la roche mère, les faisaient glisser sur la pente naturelle.

Dans les chantiers du Ranororaka, nous voyons d'abord une roche creusée de 4 mètres environ, afin d'obtenir une surface plane, d'environ 5 mètres de long sur 2 m. 55 c. de large, propre à être sculptée ; tout près de là, deux statues sont couchées parallèlement : l'une est ébauchée, l'autre est finie ; elles nous donnent les mesures suivantes : hauteur du front, 2 mètres ; longueur du nez, 3 m. 40 c. ; distance du nez aux lèvres, 0 m. 75 c. ; hauteur du menton, 2 mètres ; corps, 12 mètres ; soit 20 m. 15 c., sans le chapeau.

Dans la même direction, une troisième statue, couchée sur le dos, est encore intimement unie à la roche et surélevée d'environ 4 mètres ; sur la paroi de l'amphithéâtre, gravés en creux, deux signes représentent, l'un une espèce d'oiseau, l'autre une forme humaine ; plus loin, est sculpté un buste ayant comme dimensions : 1 m. 25 c. pour la hauteur du front, 2 m. 80 c. pour le nez, 1 m. 75 c. pour la bouche et le menton, 8 m. 50 c. pour le reste du corps : au total 14 m. 30 c. ; cette statue est remarquable par certains caractères qui lui sont propres, et qui consistent en une ligne de tatouage formée de petits cercles en relief, disposés sur le nez et sur toute la longueur du corps : le corps semble couvert de bandelettes.

Lorsque le moment était venu de transporter ces colossales sculptures, les indigènes plaçaient des cailloux bien ronds sous le Moai, ils tiraient, poussaient, et le bloc roulait d'une faible longueur ; avec du temps, de la patience, de la persévérance dans l'effort, la statue était amenée à la plate-forme en construction, et il ne restait qu'à lui mettre un chapeau, ce qui n'était pas une opération sans difficulté.

Non loin du cratère est un autre groupe de statues, d'environ 80 ; elles sont toutes debout ; leur caractère ethnique est un peu différent de celui des précédentes;

Fragment d'une statue colossale de l'Ile de Pàques, exposé à Paris, au Muséum, dans la Cour de la Baleine.

le nez est un peu plus long et les lèvres plus épaisses ; c'est une de ces dernières statues qui a été prise par le H. M. S. Topaze, et qui gît actuellement sous le portique du British-Museum : elle n'a que 8 pieds de hauteur et ne pèse que 4.500 kilogrammes.

A l'ouest du Ranororaka, au delà de la Plaine de Hutuiti, couverte de jardins, de bananiers et de tii, sur un promontoire peu élevé, au pied duquel les vagues viennent se briser, s'élève une de ces terrasses antiques, appelées par les indigènes *Pakaopa*.

Ce monument, aujourd'hui en ruines, devait primitivement se composer d'une première plate-forme, longue de 200 mètres, large de 10, haute de 5, à l'intérieur des murs, formés d'énormes pierres pesant jusqu'à 5.000 kilogrammes et de section triangulaire ; cette terrasse inférieure supportait une seconde plate-forme, large seulement de 5 mètres, haute de 1 m. 50 c., bâtie avec des dalles placées de champ côte à côte, ayant 2 m. 80 c. à 3 m. 15 c. de long, 1 m. 20 c. de haut et 0 m. 25 c. d'épaisseur ; l'intérieur de cette terrasse contient des chambres sépulcrales d'assez larges dimensions, limitées par des dalles plates mesurant en moyenne 2 mètres de long sur 0 m. 80 c. de large ; sur la terrasse inférieure, la face tournée du côté de la terrasse supérieure, sont placées des statues, plates, dont la facture est beaucoup plus grossière que celle des spécimens du cratère, car les formes, le nez, les yeux ne sont qu'indiqués.

Ces statues et ces terrasses ne sont pas les seules curiosités de l'Ile de Pâques ; on y voit aussi de longues *murailles de pierre*, des *allées pavées*, des *chambres souterraines* extrêmement curieuses. La muraille d'Ovahé (au N.-E.) mesure 50 mètres de long sur 4 mètres de large et 1 m. 50 c. de hauteur ; elle porte un grand nombre de petits tumuli, tantôt circulaires, tantôt pyramidaux, faits de pierres amoncelées régulièrement. Les chambres souterraines sont des sortes de casemates elliptiques, dont l'entrée regarde la mer ; l'épaisseur de leurs murs varie de

1 m. 20 c. à 2 m. 50 c. ; le couloir d'entrée ne mesure
que 0 m. 50 c. en hauteur et 0 m. 55 c. en largeur ; il
donne accès à une chambre large de 2 m. 50 c., haute
de 1 m. 60 c., dont le sol est de terre battue ; le tout
est formé par des dalles de basalte recouvertes de
terre.

Les rochers du sud offrent des *sculptures* intéres-
santes : visages humains, oiseaux,
poissons ; on y remarque une forme
étrange, un animal ayant une tête
de chat et une forme se rapprochant de celle de l'homme avec un
dos courbé, avec des bras longs et
minces. Dans plusieurs grottes, ont
été découverts des dessins en couleurs,
blanc, rouge et noir, représentant le
visage de l'homme, des oiseaux à
quatre pieds, et même des navires à
trois mâts, avec leurs voiles gonflées
par le vent.

La sculpture était fort en honneur
dans l'Ile de Pâques ; on a retrouvé
quelques spécimens de *bois sculptés*
provenant des ancêtres ; ces sculptures sur bois servaient à compléter
la parure des Maori, qui habitaient

Iles Marquises.
Sculptures as-
sez semblables
à celles de l'Ile
de Pâques.

l'île ; il y en avait plusieurs sortes. Le *Tahonga* était
une boule en bois de 0 m. 10 c. à 0 m. 15 c. de
hauteur, ciselée avec soin, et du sommet de laquelle
s'échappaient tantôt deux, tantôt quatre têtes hu-
maines à faces opposées ; ces boules se portaient au
cou ; tous les Maori en avaient une. Le *Rei-miro*,
rei fait en bois de miro, probablement un mimosa,

rappelait, par sa forme, les navires d'autrefois, et se terminait en figure humaine ; il était porté par les hommes, attaché au cou ; les femmes s'ornaient d'un rei en coquillages. Les *Moai* de bois étaient des statuettes à forme humaine, dont les yeux étaient formés par un cercle en os entourant une cornée en pumex vitreux. L'*Ua* était un bâton de 1 m. 50 c. de longueur environ, ovale à son extrémité inférieure ; il s'arrondissait et se rétrécissait dans sa partie moyenne ; il se terminait par une tête humaine à double face. L'*Ao* était un balancier de bois, mince

Ile de Pâques. — Les caractères des *Ko-hau-rongorongo*.

et léger, que les chanteurs devaient manier avec dextérité ; le *Rapa* était un ao ne dépassant pas 0 m. 60 c.

Plus curieux que ces différents objets, sont les *Ko-hau-rongorongo*, mot qui, d'après les traducteurs, signifierait « Bois d'hibiscus parlants ».

Vers 1868, le père Gaspard Zumbohm, voulant faire un cadeau à l'évêque de Tahiti, lui porta de l'Ile de Pâques une chaîne de cheveux ; elle était enroulée autour d'un bois plat de 0 m. 30 c. sur 0 m. 15 c. ; cette planchette était singulière : sur les deux côtés, des caractères étaient gravés ; plus que la chaîne de cheveux, elle piqua la curiosité de Mgr Tepano Jaussen ; déjà le frère Eugène Eyraud, qui vint en

1864 à l'Ile de Pâques, pour y rapatrier quelques-uns
des indigènes razziés en 1862 par des navires péru-
viens, avait signalé les tablettes en bois, couvertes de
caractères hiéroglyphiques, qu'il avait vues dans les
cases indigènes.

L'évêque de Tahiti pria les missionnaires de l'Ile
de Pâques de lui envoyer plusieurs spécimens de
ces bois; il reçut un miro, une rame et trois tablettes.

Sur la rame, longue de 0 m. 90 c., large de
0 m. 10 c., étaient figurées de chaque côté 8 lignes de
figures renfermant 1.547 caractères; sur le miro,
long de 0 m. 29 c., large de 0 m. 20 c., 14 lignes
étaient gravées d'un côté, 14 de l'autre, offrant 806
caractères; sur l'une des tablettes, longue de 0 m. 40 c.,
large de 0 m. 15 c., il y avait 10 lignes au recto, 12
au verso, donnant 1.135 caractères, et sur l'autre,
9 lignes d'un côté, 8 lignes de l'autre, avec 822 caractères.

Les lignes formées par ces caractères sont hori-
zontales et à peu près parallèles; elles sont tracées en
commençant par le bas; la première ligne inférieure
va de gauche à droite; lorsque le graveur l'eut achevée, il retourna la tablette la tête en bas, et sur la
première ligne il en traça une seconde de gauche à
droite; arrivé au bord, il vira de nouveau, écrivant
une troisième ligne dans le sens de la première, c'est-
à-dire de gauche à droite par rapport à lui-même;
lorsque l'on examine l'une de ces planchettes, les
figures des lignes 1 et 2 ont les têtes opposées les unes
aux autres, de même que les lignes 3 et 4, 4 et 5;
lorsque l'artiste est arrivé en haut de la première face,
il tourne la planche de droite à gauche et continue sur

le verso en gravant la première ligne tout en haut,
puis continuant en descendant ligne par ligne, comme
les bœufs, qui sillonnent les deux versants d'un
coteau, et qui, après avoir commencé en bas d'un
versant, être montés sans rompre le sillon, passent
sur le versant opposé et descendent par une suite de
lacets réguliers. La règle du renversement des lignes
n'était pas absolue, comme le prouve l'inscription de
3 lignes (de verso) que nous reproduisons d'après une
photographie.

On a tenté de déchiffrer le sens des 500 caractères
différents relevés sur les tablettes. Chaque signe représente un objet et est un croquis : croquis d'homme,
de poisson, d'oiseau, de fleur ; on y reconnaît, parmi
les hommes, des chefs ; parmi les poissons, des dorades ;
parmi les oiseaux, des frégates ; parmi les fleurs, la
fleur de la canne à sucre : bien rendus sont les can-
crelats noirs, la baleine, les fruits pendant aux
branches, les croissants de la lune, la pluie qui
tombe ; quelques scènes aussi : des hommes lançant
une pierre, des hommes tenant du feu, des hommes
mangeant, des hommes dans la chaîne d'union.

Ces figures ne représentent que les animaux, les
plantes, les choses de l'Ile ; on n'y reconnaît aucun
animal étranger ; chaque signe représente un objet
ou un acte : aucun signe ne relie les idées entre
elles.

Ces tablettes rappellent l'écriture primitive de l'ancienne Égypte à l'époque idéographique, où le scribe
peignait la chose dont il voulait parler, où des sons
ne s'étaient pas encore attachés aux images qui
allaient plus tard perdre leur signification. Elles
rappellent l'écriture égyptienne sans être une écriture,

car elles ne traduisent pas une suite de pensées ; elles
sont une série d'images indépendantes les unes des
autres.

Quelle pouvait être leur utilité? « N'y a-t-il rien là
dedans ? » comme demandait l'évêque de Tahiti. Il
semble que ces tablettes devaient servir à aider la
mémoire des indigènes lorsqu'ils se réunissaient pour
chanter ; chaque signe représentait peut-être le premier mot ou la première idée de la strophe : en suivant les lignes, les chœurs se souvenaient, croit-on,
de l'enchaînement des paroles : ces tablettes sont des
bois « souffleurs [1] ».

En scrutant les horizons, nous pourrons distinguer,
dans les îles qui marquent la lisière méridionale du
domaine polynésien, des statues identiques à celles de
l'Ile de Pâques ; il s'en rencontre à l'Ile Pitcairn, à
l'Ile Tubuai, à l'Ile Raivavae ; dans cette dernière,
les statues ont même allure qu'à l'Ile de Pâques,
mais elles sont moins grandes ; les oreilles sont
énormes et le bas du corps informe ; ces moai sont
montés sur des plates-formes. A Pitcairn, il y avait
anciennement un marae considérable, qui était orné
à chaque angle d'une statue d'environ trois mètres
de haut, montée sur une plate-forme en pierre
unie. A Puamau, vers la pointe orientale de l'Ile
Hivaoa (du groupe des Marquises), se voient encore
de hautes statues : celle que nous présentons ici
s'élève au-dessus du sol d'environ quatre mètres. De
même qu'à l'Ile de Pâques, des artistes de talent sculp-

---

[1] Le mot *rongorongo* a en malgache un sens qu'il serait
peut-être intéressant de signaler : il signifie dans cette langue,
sœur du polynésien, « très orné » ; de telle sorte que les *Ko-hau
rongorongo* sont des « bois très travaillés ».

taient le bois aux Iles Marquises ; dans cet archipel, ils se livrent, d'ailleurs de nos jours encore, à ce travail traditionnel ; statues de pierre et pièces sculptées y ont un type un peu spécial : yeux grands et ronds, bouche largement fendue, crâne très aplati.

Les poteaux sculptés, plantés autrefois dans l'Ile Nord de la Nouvelle-Zélande par les premiers émigrants de l'Hawaiki, ont d'évidentes analogies avec la facture des sculptures de la Polynésie orientale.

Iles Marquises.
Le *Tiki* (gardien) de Puamau.

A travers la campagne de l'Ile de Pâques se rencontrent aussi des *pierres levées*, hautes de 1 m. 20 c. ; à Hawaii, autres menhirs et des dolmens faits de trois pierres debout recouvertes d'une quatrième ; à Tonga-tabu, à l'autre extrémité du Pacifique, est une porte monumentale en pierre ; entre

Hawaii et Tonga-tabu, dans l'Ile Malden, qui est de formation madréporique, et où le basalte fait défaut, les dolmens ont été construits en blocs madréporiques ; à Rapa, c'est-à-dire Rapa-iti, on rencontre des menhirs ; on y voit aussi des constructions cyclo-

Tonga-tabu. — Monument mégalithique de Hahake.

péennes faites de pierres taillées de 2 m. 50 c. sur 1 m. 80 c. de hauteur, placées les unes sur les autres ; tous les sommets des montagnes qui ne sont pas absolument inaccessibles, tous les cols principaux donnant accès d'une vallée dans une autre, sont dominés par des *forts en pierres sèches* parfaitement construits, composés de terrasses superposées, qu'une tour domine.

D'autres monuments anciens ont été signalés vers l'extrême nord du domaine, dans les Mariannes ;

Tinian (Iles Mariannes). — Ruines mégalithiques.

à Tinian, dans cet archipel, se voient encore des vestiges de *temples polynésiens :* ce sont de doubles rangées symétriques de piliers carrés, de forme pyramidale, mesurant 5 pieds à la base, ayant 12 ou 13

Tinian (Iles Mariannes). — Ruines mégalithiques.

pieds de hauteur, surmontés chacun d'un demi-globe massif dont le diamètre fait face en haut et qui offre de loin l'apparence d'une grande jatte ; il y a peu de parties de l'île où il n'y ait de ces piliers.

Quel peuple a façonné les gigantesques statues du Cratère de Ranororaka, celles de Raivavae et des autres îles ? Quel peuple a construit ces colossales Plates-formes funéraires de l'Ile de Pâques ? Quels artistes ont gravé les Bois d'hibiscus ? Quelles communautés ont élevé les Temples de Tiniau ?

Les Noirs du Pacifique

Il fut un temps où toutes les terres comprises depuis les rives méridionales de l'Asie jusqu'aux extrémités du Pacifique étaient habitées par des peuples noirs.

A deux familles, de caractères différents, appartenaient ces Nègres océaniens : à la famille des Negritos et à celle des Papou.

Les Negritos entouraient le continent asiatique du Japon à l'Inde et s'étendaient jusqu'au Détroit de Torrès ; des traces de leur séjour ont été signalées dans le sud-est du Japon, aux Iles Lieou-Kieou, à Formose, dans les Philippines, à Bornéo, entre Bornéo et la Nouvelle-Guinée, aux Iles Sulu, Boeroe et Ceram, entre Bornéo et l'Australie, aux Iles Timor, Ombaai, Pantar, Lomblem, Flores, à Java, à Sumatra.

Ce type aurait même couvert l'Inde entière, d'après l'opinion de Campbell et celle de Quatrefages ; il se serait étendu du Cap Comorin jusqu'au pied de l'Himalaya, de la côte de Coromandel aux Ghat occidentales et aurait même franchi l'Indus ; des représentants de cette race ancienne, refoulée dans les montagnes, dans les régions insalubres, dans les jungles et les marais, se retrouveraient disséminés au sud-ouest de Calcutta, vers les frontières de l'Orissa, au nord du Deccan, au centre, sur la côte ouest dans les Ghat, sur la côte de Coromandel à l'est, au sud de Mysore, dans les Monts Nilgherri et dans l'Ile Ceylan.

Les Negritos avaient, comme les nègres, des cheveux noirs crépus et parfois laineux, implantés en touffes ; ils étaient de petite taille, courts, trapus, avec épaules carrées ; leur crâne, vu d'en haut, était court (brachycéphale) et élargi ; ils avaient la barbe rare, la face arrondie ou en quadrilatère, le nez large à la base, peu écrasé, les lèvres légèrement fortes, les pieds et les mains de grosseur moyenne, les doigts longs, les orteils écartés ; ils étaient modérément prognathes.

Les Papou, ainsi désignés du mot malais *papouah* (cheveux crépus), ont en effet les cheveux crépus, comme les véritables nègres, noirs, rudes, secs et laineux, croissant en petites mèches ou en boules distinctes, courtes pendant la jeunesse, longues avec l'âge et formant alors une masse compacte, ébouriffée, dite en balai ou en vadrouille ; leur barbe est également bouclée, en touffes séparées, peu fournies ; leurs bras, leurs jambes, leur poitrine sont couverts de poils plus ou moins abondants ; la nuance de leur peau est très variable, même chez les Papou purs, s'étendant du café foncé au brun jaunâtre ; autres caractères physiques : taille moyenne, relativement plus élevée que celle des Negritos ; crâne un peu allongé d'avant en arrière, comprimé latéralement, présentant souvent une arête médiane ; visage allongé, ovale ; arcade sourcilière saillante ; nez grand, parfois très aquilin ; lèvres d'épaisseur moyenne chez les uns, chez les autres grandes et projetées en mufle ; prognathisme accusé, menton fuyant.

Le domaine des Papou comprenait la Nouvelle-Guinée avec quelques-unes des îles avoisinantes ; de la Nouvelle-Guinée, cette race a rayonné dans toutes les directions ; en se mêlant aux Malais, sur les rivages des Molukkes, de Celebes, de Bornéo, de Mindanao, l'une des Philippines, elle a formé un rameau métis ; la conquête, l'émigration ou l'esclavage l'a conduite à Timor, Ceram, Boeroe, Dsjilolo ; elle s'est avancée au nord jusque vers les Carolines, au nord-est jusqu'aux îles Hawaii, à l'est jusqu'à l'Ile de Pâques, au sud par l'archipel Bismarck, les Iles Salomon, les Nouvelles-Hébrides, les Fiji, jusqu'à la Nouvelle-Zélande.

Aux Iles Hawaii, M. Ballieu, en formant une collection craniologique pour le Museum de Paris, s'est procuré à Oahu un crâne presque semblable à ceux des Papou ; de la découverte d'un crâne mélanésien, on ne saurait conclure à l'existence préhistorique des toute une race noire sur le sol des Iles Hawaii ; cela suffit néanmoins pour jalonner l'aire de dispersion des Nègres océaniens.

Parmi les crânes que M. Pinart recueillit dans les sépultures anciennes de l'Ile de Pâques, il en est un qui offre toutes les apparences d'un crâne papou pur.

En Nouvelle-Zélande, les Papou ont laissé des traces plus nombreuses de leur passage. L'existence d'un élément nigritique à la Nouvelle-Zélande avait été constatée dès le xviiie siècle. Crozet, historiographe du voyage de Marion à la Mer du Sud, distingue dans son journal, en 1772, les nègres à tête cotonnée, les hommes à teint blanc tirant sur le jaune et les basanés, qui lui paraissent être le produit de l'un des deux précédents. Dieffenbach décrit dans ses *Travels in New-Zealand*, imprimés à Londres en 1843, un crâne masculin de l'intérieur de Rotorua, qui présente les traits caractéristiques de la race papou. Arnoux a offert au Muséum d'Histoire Naturelle de Paris, en 1847, un crâne de la race noire de Nouvelle-Zélande, qui répond à cette description. Dans la Collection Sedgwich une tête neo-zélandaise, décrite par Huxley, en 1867, dans *The Journal of Anatomy and Physiology*, est tout à fait semblable aux têtes des Nouvelles-Hébrides, archipel mélanésien. Le Muséum d'Histoire Naturelle de Paris possède deux têtes préparées, rapportées par de Freycinet de son voyage autour du monde sur les corvettes Uranie et Physicienne, dont la chevelure laineuse rappelle celle des Mélanésiens purs.

Il est vraisemblable que l'élément noir a dominé sur certains points de la Nouvelle-Zélande. En reconnaissant dans ces îles, à côté d'un type fort beau, à cheveux droits et présentant le meilleur type de la physionomie polynésienne, un autre type à teint brun foncé, à cheveux frisés ou ondulés, avec le grand nez large et arqué des Papou, et un troisième type offrant les traits grossièrement épais des races mélanésiennes inférieures, M. le docteur Cauvin, dans son rapport sur les *Races de l'Océanie*, regarde comme incontestable que les Maori ont trouvé à leur arrivée en Nouvelle-Zélande cette île habitée par une population mélanésienne, dont ils ont exterminé les hommes et pris comme épouses les femmes les plus belles.

D'ailleurs les Moriori, anciens habitants des Iles Chatam (situées à 360 milles à l'est de la Nouvelle-Zélande), étaient incontestablement issus d'une race noire. Lorsque le capitaine Broughton y aborda en 1791, il y vit des hommes vêtus de peaux de phoques et de nattes; ils étaient plus foncés de couleur que les Neo-Zélandais, plus solidement bâtis, quoique de taille plus petite; leur nez avait la forme romaine comme celui des Juifs; cette population a presque disparu en 1830, lorsque 800 Neo-Zélandais amenés par un navire européen aux Iles Chatam en exterminèrent les naturels; les crânes anciens, qui ont été étudiés, présentent quelques-uns des caractères accentués chez les métis australiens ou les métis papou : front fuyant, proéminence des arcades sourcilières, dépression de la racine du nez; tout indique le métissage d'un noir avec un jaune.

A une époque très reculée, des peuplades à teint clair vinrent prendre contact avec les noirs, les pénétrèrent ou les refoulèrent.

Les Negritos ou Nigritoïdes de l'Inde reçurent les premiers le choc d'une invasion, qui serait plus ou moins mongolique, c'est-à-dire de sang jaune : du mélange des deux races naquirent les Dravidiens, peuples bruns, qui eux-mêmes furent plus tard refoulés dans l'Inde méridionale du Cap Comorin, à Madras, dans les bassins inférieurs du Kistna et du Godavery, sur la Côte Malabar et sur le Plateau du Mysore, par les Aryens ou Hindou, blancs au teint rosé, aux cheveux parfois blonds, qui, vingt siècles avant notre ère, descendant des montagnes du nord-ouest, se répandirent dans la vallée de l'Indus et dans celle du Gange.

Les Negritos de la Presqu'île Indochinoise et des îles de l'Archipel Asiatique eurent à lutter contre une autre invasion jaune, une invasion thai venue de l'intérieur; ils furent rejetés du continent asiatique et ne se maintinrent que dans les montagnes de la Presqu'île de Malacca ; ils furent détruits à Java, à Sumatra, à Bornéo, dans la plupart des îles qu'ils couvraient ; quelques rameaux en sont demeurés dans l'Ile Formose (les Igorrotes), dans les montagnes de Luzon (les Aïgtas ou Negritos del Monte), dans les Montagnes de la Presqu'île de Malacca (les Semangs), dans les Iles Andaman (les Mincopies) où leur nature farouche et sauvage les a longtemps conduits, dit-on, à grimper sur les arbres, où ils sautaient de branche en branche, à la façon des singes ou du Pithecanthropus de Malaisie, qui, d'après le médecin militaire néerlandais E. Dubois, serait la forme transitoire entre les Gibbons à face humaine et l'Homme.

Quant aux Thai, et en particulier aux Malais, ils s'avancèrent dans l'Insulinde ; ils peuplent actuellement Sumatra, Java, Bornéo, les Philippines, les Molukkes et les autres îles de la Sonde, jusqu'en vue de la Nouvelle-Guinée et de l'Australie.

Les Papou se trouvèrent en contact avec les Malais au nord-ouest et avec d'autres jaunes, les Polynésiens, au nord-est, à l'est, au sud-est.

Les Polynésiens écrasèrent ou noyèrent sous leurs

alluvions les peuples noirs de Hawaii, de l'Ile de Pâques et des principaux archipels de la Polynésie ; à la Nouvelle-Zélande, ils dominèrent et assimilèrent l'élément noir.

Sur toute la suite d'îles qui s'étendent entre la Nouvelle-Guinée et la Nouvelle-Calédonie, les Polynésiens constituèrent, en se mêlant aux Papou, une race noire mixte, la race de Mélanésie, retirant aux domaines papou l'archipel Bismarck, avec l'Ile Duke-of-York, les Iles Salomon, les Iles de Santa-Cruz, les Iles Banks, les Iles Torrès, les Nouvelles-Hébrides, la Nouvelle-Calédonie avec les Iles de Loyauté, les Fiji et Rotumah ; sur certains points, la pénétration fut si entière que l'élément noir disparut, que la population actuelle offre les caractères physiques des Polynésiens et parle leur langue ; il en est ainsi dans les Iles de Loyauté, à Ouvéa, dans les Nouvelles-Hébrides à Futuna, entre Vaté et Api aux Iles Sheppart et Mai, dans les Iles Salomon à Rennell, à Bellona.

Quels sont les caractères et quelle est la langue des populations polynésiennes, qui se sont ainsi étendues sur tout le Pacifique et ont assimilé une partie des peuplades noires du domaine papou ?

Les Jaunes du Pacifique

Près des deux familles noires de race nègre, qui ont peuplé l'Océanie, près des Negritos et des Papou, vivent donc deux familles jaunes : la Malaise, que j'appellerai plus volontiers la Malainésienne, et la

Polynésienne, qui, nous venons de le dire, sont les dernières venues.

Les Malainésiens ont la peau d'un brun clair, quelquefois cuivrée ; les Polynésiens ont le teint légèrement plus clair à la Nouvelle-Zélande et à Hawaii, notablement plus clair aux Ellice, aux Tonga, aux Samoa.

De petite taille, grêles et médiocrement musclés sont les Malainésiens ; les Polynésiens sont très bien bâtis, de belle taille, 1 mètre 74 cent. en moyenne, d'une admirable prestance, le regard droit et doux.

Les premiers ont les yeux obliques et bridés ; les seconds des yeux qui sont plus ou moins ouverts, mais jamais obliques. Chez les premiers, le nez est court, large et aplati ; chez les seconds, tantôt droit, tantôt aquilin ; il ne s'élargit qu'aux narines. Les pommettes des premiers sont saillantes et écartées, ce qui rend leur visage presque aussi large que long ; les pommettes des seconds sont moins accentuées et leur visage est de forme ovale.

Pour compléter le portrait du Malainésien, disons que ses cheveux sont droits ou ondulés, longs, abondants, et d'un noir de jais ; que sa barbe est rare, claire et rude ; que ses arcades sourcilières sont presque nulles ; que son front est ramené en avant et le derrière de sa tête aplati verticalement ; sa bouche est grande, ses lèvres sont fortes, ses dents colorées en noir, bleuâtres et rongées par le bétel ; ses doigts de pied ont la singulière propriété de pouvoir s'écarter ou se rapprocher, et il peut s'en servir comme de mains pour prendre de menus objets ; c'est le plus prognathe des peuples jaunes ; son crâne est brachycéphale.

Le Polynésien, dont le visage est beaucoup plus

harmonieux que celui du Malainésien, a, comme
celui-ci, des cheveux noirs droits ou légèrement ondulés, une barbe rare, des arcades sourcilières peu
saillantes ; c'est le moins prognathe des peuples jaunes :
il est classé sous ce rapport à la limite des peuples
blancs.

Au milieu des peuples malainésiens, au centre des
îles dont ils tiennent les côtes, vivent des populations
jaunes qui, par certains caractères physiques,
s'éloignent du type malainésien et se rapprochent du
type polynésien ; ce sont les Batak du centre de Sumatra, les Dayak du centre de Bornéo, les Makassar et
les Boughi de Celebes, et quelques tribus de Soemba,
de Timor, de Ceram, surtout de Boeroe : ces populations
de sang mêlé, moins jaunes que les Malais, ont été
groupées sous l'appellation de Indonésiens ou Indo-
polynésiens.

Les Malainésiens et les Polynésiens sont liés par une
étroite parenté : les ressemblances entre les langages
qu'ils parlent en sont une preuve. Ils ont porté avec
eux leur langue originelle dans leurs migrations.
Dans l'immense domaine que peuplent aujourd'hui
les Polynésiens, les Malainésiens et leurs métis à peau
plus ou moins jaune, il est parfois un même mot pour
désigner une chose ou une idée : ainsi le nombre 5 se
dit ima, l-ima, ou r-ima, dans toute la zone des Océans
envahie par les Jaunes, de Formose à Sumatra et à
Madagascar, de Formose aux Hawaii et à l'Ile de
Pâques, dans la zone dont les pointes les plus méridionales sont marquées par l'Ile Rapa, la Nouvelle-
Zélande, et qui contourne la Nouvelle-Calédonie et la
Nouvelle-Guinée.

Les langues qui se parlent dans le domaine malaipolynésien ont communs certains des mots qu'elles tiennent des peuples dont elles sont issues. Ainsi :

| EN DIALECTES MALAINÉSIENS | | EN DIALECTES POLYNÉSIENS | |
EN LAMPONG DE SUMATRA	EN TAGALA DES PHILIPPINES	DE SAMOA	DE HAWAII
2 *rua*	*da-lua*	*lua*	*lua*
3 *tolu*	*tat lo*	*tolu*	*kolu*
5 *lima*	*lima*	*lima*	*lima*
7 *pitu*	*pito*	*fitu*	*hiku*
8 *valu*	*walu*	*valu*	*walu*
9 *siwa*	*sia-m*	*iva*	*iwa*

Nombreux, extrêmement nombreux, sont les mots qui se retrouvent avec une forme identique de Sumatra aux extrémités du Pacifique jusqu'aux Hawaii et aux extrémités de l'Océan Indien vers Madagascar.

Dans cette grande île, les noms de nombre que nous venons de citer en dialectes malainésiens et en dialectes polynésiens — pour nous en tenir à ces exemples — se diront (si nous écrivons *u* pour le son ou comme dans les transcriptions polynésiennes qui précèdent) :

2, en malgache, *rua*, comme à Lampong, à Tahiti ;

3,   —   *tolu*, comme à Lampong, ou *telo*, comme à Bocroc ;

5,   —   *lima* ou *dimy*, forme dérivée, rappelant le *n-imy* de Kayan (Bornéo) ;

7,   —   *fitu* comme aux Samoa, aux Marquises ;

8,   —   *valu*, comme dans la plupart des archipels ;

9, en malgache, *siwa*, comme à Lampong, ou *sivy*, se rapprochant du tagala *sia-m* ou *siy-am*.

Sans nous attarder à ces comparaisons, portons notre attention sur la langue polynésienne qui, seule, nous intéresse dans ces pages.

La langue polynésienne est une : cependant elle s'est altérée dans les archipels depuis l'époque de la dispersion ; des différences de prononciation régies par des règles invariables déforment les mots d'un archipel à l'autre.

Le R polynésien, qui subsiste en Nouvelle-Zélande, à Tahiti, aux Iles de Cook, aux Gambier, aux Tuamotu, devient *l* aux Samoa, aux Tonga, à Hawaii, et se supprime aux Marquises. Exemple : 2 se dit en Nouvelle-Zélande, à Tahiti, aux Iles de Cook, aux Gambier, *rua* ; aux Samoa et à Hawai , *lua* ; aux Marquises, *ua*.

Le T polynésien subsiste dans tous les archipels, à l'exception de Hawaii, où il devient *k*. Exemple : 3 se dit en Nouvelle-Zélande, à Tahiti, aux Iles de Cook, aux Gambier, à l'Ile de Pâques, *toru*, et ce mot devient à Hawaii, par la combinaison des deux règles précédentes, *kolu*.

Le K polynésien, qui subsiste aux Tonga, aux Iles de Cook, aux Marquises, aux Gambier, aux Tuamotu, tombe à Tahiti et aux Hawaii ; exemple : le polynésien *kura* devient à Tahiti *ura*, à Hawaii *ula*.

Le Ng polynésien, qui subsiste en Nouvelle-Zélande et aux Iles de Cook, se supprime à Tahiti (exemple : polynésien *rangi*, ciel, tahitien *rai*), se change en *n* aux Hawaii, en *g* aux Samoa et aux Tonga.

Le F polynésien subsiste souvent à Tahiti, aux

Samoa et aux Tonga, se remplace par *wh* à la Nouvelle-Zélande (exemple : *fare*, maison, devient *whare*), par *h* aux Hawaii (exemple : *hale* pour *fare*), comme dans le Groupe nord-ouest des Marquises, et se supprime aux Iles de Cook.

Le M et le N passent sans modifications dans tous les archipels ; le P ne se transforme en *b* qu'aux Iles Tonga.

C'est conformément à ces principes que le mot polynésien *Tangaroa*, que nous avons cité en rapportant les légendes polynésiennes, devient aux Iles Hawaii *Kanaloa*, et à Tahiti *Taaroa ;* que le mot polynésien *tangata* (homme), devient à Hawaii *kanaka* (dont dérive notre mot kanak), et à Tahiti *taata*.

Sont-ils originaires d'Amérique ?

M. Jules Garnier, qui, à la suite de ses voyages, a beaucoup parlé sur les choses du Pacifique, se demandait, en 1870, devant la Société de Géographie de Paris, si les Polynésiens ne seraient pas venus de l'Amérique.

Il invoquait à l'appui de sa thèse l'influence des vents et des courants, des analogies de langue, des comparaisons entre les mœurs et coutumes de la Polynésie et de l'Amérique, et enfin une tendance des migrations de l'est à l'ouest.

Les hommes, pense-t-il, auraient dû suivre dans leurs migrations, comme les épaves, le gré des vents

et des courants ; de la côte d'Amérique, des coups de
vent et les courants devaient les mener dans la zone
des alizés du nord-est ou du sud-est, et dans ces
conditions, avec la formidable dérive des courants,
avec une forte brise de l'est, il ne fallait guère plus de
quinze jours à une pirogue pour franchir, avec une
vitesse moyenne de 33 lieues par 24 heures, les
500 lieues qui séparent la côte occidentale d'Amérique
des premières îles polynésiennes.

Des analogies dans le langage, bien vagues
d'ailleurs, auraient été relevées entre les idiomes
parlés en Océanie et ceux du Nouveau-Monde.

Dans son *Historia de las Islas Filipinas*, imprimée
à Manila en 1803, Martinez de Zuniga montre des affinités entre la langue malai-polynésienne des Iles
Philippines avec la langue chilienne. Le révérend
Lang signale dans ses *View of the Origin of migrations of the Polynesian* les mêmes ressemblances
entre les mots de la Guyane et ceux de la Polynésie.
Ellis, dans son savant traité, reconnaît de grandes
analogies entre le polynésien et certaines langues du
Nouveau-Mexique et de l'Amérique du Sud. M. d'Ei-
chthal, enfin, fait longuement ressortir les analogies
du caraïbe avec la langue océanienne.

La troisième série d'arguments ne repose pas sur
des faits d'une plus satisfaisante précision. Tous les
observateurs qui ont parcouru le Nouveau-Monde et
l'Océanie auraient dû être frappés de la similitude de
la plupart des usages de ces peuples : les traits les
plus saillants, qui se retrouvent chez les peuples polynésiens et américains, sont, aux époques anciennes :
la division bien tranchée en castes, la réunion du
pouvoir temporel et spirituel, l'usage d'une langue

de cérémonie distincte de la langue vulgaire, une méthode identique pour la division des propriétés, l'usage de greniers à vivres, le prélèvement de taxes par les chefs, l'identité entre les travaux de l'industrie mexicaine et de l'industrie polynésienne, la similitude des ornements de plumes au Mexique et en Polynésie, la ressemblance entre l'étoffe végétale des Tahitiens et le papier des Mexicains, l'usage d'un pieu pour la culture de la terre ; des deux côtés se voient mêmes monuments religieux, mêmes ruines de temples, de pyramides, de tombeaux, de fortifications, signes d'une civilisation ancienne ; des deux côtés, les sacrifices humains et l'anthropophagie sont en honneur ; les cases des Polynésiens et des Mexicains sont dépourvues de fenêtres et n'ont qu'une ouverture étroite ; l'écriture parlante est utilisée par les Polynésiens comme par les Américains. Telles seraient les analogies constatées entre les Polynésiens et les aborigènes civilisés d'Amérique. D'autres ressemblances auraient en outre été signalées entre les Polynésiens et les peuplades sauvages du Nouveau-Monde : avec les Polynésiens, les indigènes du Brésil penseraient que les souffrances du corps viennent de la présence d'un mauvais esprit ; chez les Maori de la Nouvelle-Zélande, la vengeance serait honorée comme dans certaines tribus d'Amérique ; de même qu'à Tahiti se fabrique l'ava, boisson fermentée tirée d'une racine, au Brésil et dans la Guyane une boisson semblable serait préparée avec une racine nommée casava ; en Nouvelle-Calédonie, comme en Amérique, on userait pour faciliter la pêche, d'écorces ayant la propriété d'empoisonner les eaux.

Ces rapprochements ne sont qu'intéressants. Les

données physiques qui sont rappelées montrent la facilité de naviguer de l'est à l'ouest, elles ne prouvent pas l'impossibilité d'aller de l'ouest à l'est ; les ressemblances qui sont signalées entre les peuples de l'Océanie et de l'Amérique seraient-elles réelles, qu'on n'en saurait déduire que l'Océanie a été peuplée par l'Amérique, puisque de ces ressemblances des écrivains concluent, en sens contraire, que l'Amérique a reçu ses populations par l'Océanie.

Sont-ils originaires de Nouvelle-Zélande ?

D'après le docteur A. Lesson, ancien médecin en chef des Établissements français de l'Océanie, ce seraient les indigènes de la Nouvelle-Zélande qui auraient fourni les émigrants qui sont allés peupler les îles polynésiennes. A l'en croire, il n'est pas de terre qui soit mieux faite que la Nouvelle-Zélande pour être le berceau des Polynésiens ; non seulement elle est grande, populeuse, mais, de plus, les vents qui y règnent sont ceux qui poussent avec furie vers la Polynésie, ce que Dumont d'Urville lui-même avait remarqué.

Il est surpris que la Nouvelle-Zélande, en raison de son étendue, de sa situation sous un climat tempéré, mais exposé aux grands vents, en raison du grand nombre de ses habitants et de leur vigueur, de leur courage bien connu, de leurs coutumes et de leurs idées religieuses, enfin de leur langage, n'ait pas fixé plus qu'elle ne l'a fait l'attention des ethnologues et que quelques-uns d'entre eux, au moins parmi les modernes, n'aient pas été amenés à supposer que là pouvait ou devait se trouver la patrie première des Polynésiens en général et des Tongans en particulier.

D'après lui, les caractères physiques, moraux et intellectuels des Polynésiens en font une race distincte, tout à fait à part, qui diffère véritablement trop des races américaines et malainésiennes pour qu'on persiste à faire descendre les Polynésiens de l'une ou de l'autre de ces races.

On a bien reconnu, dit-il, l'étonnante similitude qui existe entre les Polynésiens et les Neo-Zélandais, et l'on a conclu avec raison que les uns et les autres provenaient d'une même source ; on s'est contenté de supposer que c'étaient plutôt les Polynésiens qui avaient peuplé la Nouvelle-Zélande, que la Nouvelle-Zélande la Polynésie ; c'était une erreur.

Ainsi le docteur Lesson estime que les Polynésiens sont des autochtones, qu'ils sont originaires d'un pays appelé Hawaiki, gisant dans le sud-ouest de la Polynésie ; que l'Hawaiki n'est autre que l'Ile Tawai, la plus méridionale des deux grandes îles qui forment l'Archipel de la Nouvelle-Zélande, l'île que les cartes anglaises désignent sous le nom de Middle-Island ; que de cet Hawaiki sont parties successivement, à diverses époques, quelques-unes fort reculées, les diverses colonies d'émigrants, qui sont allées peupler les îles de la Polynésie.

Ces émigrants, chassés de leur pays, auraient commencé par envahir la partie méridionale de la Polynésie, c'est-à-dire les Iles Tonga, Hapai, Samoa, et après un séjour plus ou moins long dans ces îles, se seraient répandus dans les autres archipels polynésiens et en dernier lieu dans les Iles Hawaii : ces îles n'auraient reçu leurs premiers habitants qu'après toutes les autres, et probablement même plusieurs siècles après elles.

M. de Quatrefages, le savant professeur du Muséum, auteur d'un ouvrage sur l'Unité de l'Espèce humaine, ayant toujours soutenu que l'homme est apparu sur les hauts plateaux de l'Asie et que, sorti de son berceau, il est allé occuper le reste du monde, peu à peu, de proche en proche, ne pouvait admettre la thèse du docteur Lesson, faisant de la Nouvelle-Zélande un foyer de création humaine. Il répliqua, réfuta, et une intéressante controverse s'éleva entre les deux érudits.

Écoutons-les, en feuilletant *Les Polynésiens* de M. de Quatrefages et *Les Polynésiens* de M. Lesson, les *Hommes fossiles et Hommes sauvages* de M. de Quatrefages et les *Légendes des Iles Hawaii* de M. Lesson, et en lisant de-ci de-là :

De Quatrefages. — L'autochtonie est une vieille conception, que nous ont léguée les anciens ; cette théorie, si commode en apparence pour résoudre les questions anthropologiques, soulève des difficultés insurmontables ; elle est en contradiction avec bien des faits universellement reconnus comme constants ; elle conduit à admettre que l'homme échappe seul aux lois qui régissent les êtres organisés et vivants.

Lesson. — Il m'est difficile de comprendre qu'il a été impossible aux forces naturelles de créer des mammifères sur une terre qui possède à peu près tous les attributs d'un continent. Sans doute je ne puis dire comment les mammifères primitifs auraient été créés à la Nouvelle-Zélande ; mais il est pourtant évident pour moi que leur création, comme celle de l'homme en particulier, ne se serait pas faite là autrement que sur les Hauts-Plateaux de l'Asie ; il suffirait donc de savoir comment cela s'est passé sur ces Hauts-Plateaux pour pouvoir dire comment cela a pu se passer à la Nouvelle-Zélande.

DE QUATREFAGES. — Il n'est pas possible d'expliquer l'apparition de l'homme sur notre Globe.

LESSON. — Alors pourquoi donc nier qu'il ait pu être formé à la Nouvelle-Zélande tout aussi bien qu'il l'a été ailleurs ?

DE QUATREFAGES. — Parce qu'aucun mammifère n'a été trouvé sur cette terre. Grâce aux travaux du géologue anglais M. Haast, on connaît aujourd'hui la faune fossile neo-zélandaise ; il résulte de ces travaux que cette faune a fourni les restes de reptiles, d'oiseaux et de cétacés, mais pas un ossement ayant appartenu à un mammifère terrestre ; à coup sûr, aucun transformiste ne voudra faire naître un homme sur une terre où il n'aurait été précédé que par des oiseaux.

LESSON. — Je conviens facilement qu'il n'y a aucun enchaînement morphologique entre le moa, un oiseau, et l'homme ; je crois que le plus convaincu transformiste en conviendra également. M. Haast n'a trouvé à la Nouvelle-Zélande que les restes indiqués, reptiles, oiseaux, cétacés ; qu'est-ce que cela prouve ? c'est que les recherches n'ont pas été faites avec le soin désirable, ou que, tout au moins, elles ont eu peu de succès. En effet, en outre du rat et du chien, il y a à la Nouvelle-Zélande un ou deux mammifères aériens, et un mammifère marin, le phoque, dont M. Haast ne parle pas en particulier, quoique ses ossements aient été rencontrés par milliers sur les côtes des îles de cet archipel. D'un autre côté, comment comprendre qu'au-

cun reste de chien et de rat n'ait été trouvé à la Nouvelle-Zélande, alors que d'après mon adversaire lui-
même, ces mammifères s'y trouvaient depuis trois ou
quatre siècles au moins ?

De Quatrefages. — Oui, les chants maori traduits
par Sir Grey nous ont appris que le chien et le rat ont
été importés en Nouvelle-Zélande par les premiers
colons polynésiens, par l'expédition de Turi.

Lesson. — Dans ces conditions, il est évident qu'un
laps de temps de trois ou quatre siècles a dû permettre au
rat et au chien de laisser quelques-uns de leurs ossements ; il m'est difficile de comprendre que M. Haast
n'ait découvert au moins quelques ossements de chiens ;
je suis persuadé qu'on finira, en cherchant, bien par en
trouver quelques-uns. Si on n'a pas rencontré de fossiles de chien et de rat, c'est évidemment que les
recherches ont été mal faites. Qu'on fasse à la Nouvelle-Zélande des tranchées, comme on en pratique
tant dans les pays civilisés, on ne tardera pas à comprendre que non seulement cette découverte a été faite,
mais que peut-être on a découvert quelques nouveaux
anneaux de la chaîne qu'ont dû former les êtres dans
l'espace et le temps. Puisque l'homme à la Nouvelle-
Zélande aurait eu un précurseur tout comme ailleurs,
pourquoi ce précurseur n'aurait-il pas pu être, là, le
même qu'il paraît avoir été partout pour les savants
évolutionnistes, les Reichenbach, les Vogt, les Huxley,
les Darwin, les de Mortillet, un ancêtre simien. Cer-
tainement, à ne juger que par l'état actuel de la Nouvelle-Zélande, il serait difficile de comprendre qu'un
anthropoïde aurait pu vivre sur une terre si peu chaude
aujourd'hui. Mais tout n'indique-t-il pas que cette
contrée, comme tant d'autres, a subi de grandes révo-

lutions géologiques et climatériques et a possédé à certaines époques géologiques une température plus élevée, température qui était favorable par conséquent à l'existence de l'ancêtre simien ? Ce qui démontre ces révolutions, c'est le fait bien connu de l'existence à la Nouvelle-Zélande actuelle d'une sorte de palmier (Ni-Kau, Area sapida), de diverses fougères en arbre qu'on ne retrouve que sous ou près de la Ligne, à la Nouvelle-Guinée, à la Nouvelle-Irlande par exemple, et d'un certain nombre d'autres végétaux, tels que le ti (Dracœna australis), le taro (Arum), le mûrier à papier et autres, sans parler des perroquets, qui ne se rencontrent d'ordinaire que dans les pays chauds. Cela prouve évidemment que la Nouvelle-Zélande a eu d'abord son époque de transition ou de prédominance des végétaux. D'autre part, l'existence d'ossements de reptiles prouve qu'elle a eu aussi l'époque de ce nom et qu'elle a peut-être eu ses ichthyosaures, ses plésiosaures et ses mésosaures, lesquels reptiles, en disparaissant à l'époque tertiaire, auraient été remplacés au moins par les quelques mammifères trouvés à notre époque. Comment enfin refuser d'admettre qu'une contrée qui possède tant de lacs, tant de rivières, a dû avoir ses paléoptères et ses aneplotères ? La preuve n'en est-elle pas fournie par la présence de l'espèce de castor ou de loutre que les matelots de Cook, il y a plus de cent ans, et depuis quelques colons, ont cru reconnaître ? Dès lors, en acceptant les idées des savants modernes, et plus particulièrement de Darwin et de Mortillet, ne peut-on pas admettre, sans trop d'hésitations, que le singe a pu vivre à la Nouvelle-Zélande à certaines époques et y être remplacé par l'être que M. de Mortillet a appelé anthropopi-

thèque, devenant comme ailleurs l'intermédiaire entre
lui et l'homme.

Sont-ils originaires de Malainésie ?

M. de Quatrefages a montré dans son ouvrage
Les Polynésiens et leurs migrations, écrit en 1866,
que les Polynésiens ne peuvent être venus que de la
Malaisie ou, pour mieux dire, de la Malainésie.

Il considère tout d'abord les tribus montagnardes de
Bornéo, des Molukkes, de Celebes, qui ont le teint plus
clair que les tribus malainésiennes de la côte, les tribus
à teint clair cantonnées à Timor, entre les Malainésiens
et les Papou, et il se demande si ces populations ont pu,
à une époque reculée, envoyer en Polynésie des essaims.
qui auraient triomphé des vents et des courants. A son
avis, les Alizés ne sont pas un obstacle aux voyages
d'Asie en Océanie ; aux approches de l'Équateur, la
région des nuages, le Cloud-ring, échappe à l'action
des Alizés sur huit ou dix degrés ; dans cette zone, le
navigateur rencontre une succession irrégulière de
calmes, de vents et de tempêtes soufflant dans diverses
directions ; d'ailleurs soufflent dans la partie occidentale du Pacifique des moussons, qui sont moins régulières, il est vrai, que dans l'Océan Indien, où elles
alternent avec les Alizés ; mais quoique moins régulières, elles se font sentir jusqu'au delà de Tahiti, et
un peuple navigateur ne peut manquer d'en profiter ;
les courants marins aident le mouvement des moussons.
puisque à côté des grands courants équatoriaux portant
de l'est à l'ouest, il existe un contre-courant, qui porte

directement d'Asie en Amérique et qui ne s'arrête qu'à
une assez faible distance des côtes de ce dernier continent ; il est d'autant plus la grande route ouverte sur
la Polynésie qu'il est placé dans la région du Cloud-
ring. Au peuplement par migration qu'on peut supposer plus ou moins volontaire a dû s'ajouter dans le
Pacifique un peuplement par dissémination acciden-
telle, à la suite de coups de vents, de tempêtes, d'ou-
ragans soufflant dans toutes les directions : ainsi, en
1816, Kotzebue trouva aux Iles Ratak un indigène de
Wolea, une des Carolines ; parti dans une pirogue à
voile pour la pêche, avec trois de ses compatriotes, ce
Polynésien avait été surpris par une tempête qui
changea pendant quelques jours la direction habituelle des vents alizés ; lorsque ceux-ci recommen-
cèrent à souffler, au retour du beau temps, nos Carolins, se croyant à l'ouest de leur île, se dirigèrent en
louvoyant vers le nord-est ; en réalité ils laissaient
derrière eux le point qu'ils voulaient atteindre ; ils
n'en marchèrent pas moins dans la direction qu'ils
croyaient être la bonne, et, après un temps très considérable, pendant lequel ils faillirent périr de faim,
ils abordèrent, après un trajet de 2.700 kilomètres au
moins, en marchant contre les alizés du nord-est, le
petit groupe d'Aur (Iles Ratak).

M. de Quatrefages constate que dans une partie de
l'Archipel de Cook les insulaires croient que leurs
premiers ancêtres sont arrivés d'une région occidentale, appelée Avaiki (en polynésien pur Hawaiki) ;
qu'une tradition analogue existe aux Marquises, que
les légendes des Maori de la Nouvelle-Zélande portent
que leurs ancêtres vinrent d'Hawaiki en canots.

Écoutons les légendes maori : Ngahue, ropriétaire

d'un talisman en jade gris, alla, lorsqu'il fut vaincu, à la recherche d'une terre où il pût vivre en paix : il trouva Aotearoa, l'Ile-Nord de la Nouvelle-Zélande ; puis, jugeant qu'il avait intérêt à pousser plus avant pour s'éloigner davantage de ses ennemis, il longea la côte occidentale de l'Ile du Milieu jusqu'à Arahura ; puis il retourna à Hawaiki, et décida plusieurs de ses compatriotes à venir avec lui coloniser les terres qu'il venait de découvrir. Un grand bâtiment, qui fut nommé *Arawa*, fut construit pour les transporter ; d'autres l'accompagnèrent ; ils atterrirent dans la Baie de l'Abondance, un peu au nord d'Auckland ; un des premiers soins des émigrants fut de planter des patates douces, pour qu'elles pussent croître en ce lieu ; ce pays était habité par des noirs, amenés probablement par les courants ; peu nombreux, ils furent en partie exterminés, en partie réduits en esclavage.

Quelle île ou quelle terre serait Hawaiki, centre de dissémination de la race polynésienne ?

Lorsque Cook toucha Tahiti au cours de son premier voyage (1769-1771), Tupaia, ancien ministre de la reine Oberea, dessina une carte générale des mers connues des Polynésiens et des terres qu'il avait lui-même visitées ; il donna sur chaque île quelques renseignements, que Forster a enregistrés ; il mentionna une île plus grande que Tahiti, Hivai ou Havaii, dont il dit : « C'est la mère de toutes les îles. » Havaii est la prononciation tahitienne de Savaii, nom de l'une des Iles Samoa : Hale, qui fut chargé de la partie ethnographique et philologique dans la Commission américaine d'exploration de 1838-1842, pense que la Savaii des Samoa, ou l'archipel tout entier, pourrait être l'Hawaiki, l'ancien centre de dispersion : d'ailleurs le mot Hawaiki devait se prononcer à Tahiti Havaii, comme Savaii aux Samoa.

Les traditions des Samoa et des Tonga affirment cependant que les ancêtres vinrent dans l'origine d'une grande île située encore plus à l'ouest, c'est-à-dire au delà de la Mélanésie, et dans les Archipels indiens. Des chants nomment cette île Mbourou ou Bouroutou ; la dernière syllabe n'est probablement, d'après Hale, qu'une sorte de particule exprimant l'idée de sainteté, de sorte que Bouroutou pourrait se traduire par Bourou-la-Sainte. Or, M. de Quatrefages remarque que Boeroe (prononciation Bourou) existe dans la Malainésie orientale, à l'ouest de Ceram, à une centaine de lieues à l'est de Celebes : « Il y a là une coïncidence curieuse ; nous n'hésitons pas d'ailleurs à reconnaître que cette détermination du point précis d'où serait sortie la première émigration polynésienne est quelque peu hypothétique ; mais viendrait-elle à être reconnue inexacte, le fait même de l'émigration n'en resterait pas moins hors de toute contestation. »

L'émigration polynésienne s'est bifurquée, selon Hale, après avoir dépassé les Iles Salomon, à moins que deux colonnes se suivant de près n'aient navigué dans la direction de l'est. L'une est allée à l'Archipel Samoa et s'est étendue jusqu'aux Tonga; l'autre a gagné les Iles Fiji, qui étaient occupées par des populations noires ; une guerre de couleur éclata : les Polynésiens furent vaincus ; quelques-uns d'entre eux cependant, peut-être des femmes, s'unirent aux noirs, et la race mélanésienne fut profondément modifiée. Les Polynésiens chassés des Fiji gagnèrent les Iles Tonga qu'occupaient déjà des immigrations précédentes ; des dissentiments s'élevèrent entre les nouveaux venus et les premiers occupants ; ceux-ci ne furent pas les plus forts ; ils furent astreints par leurs vainqueurs au travail de la terre, ce fut l'origine du servage aux Iles Tonga. Les colonies polynésiennes des Samoa et des Tonga peuplèrent toute la Polynésie, les Iles Samoa fournissant toutefois la presque totalité des immigrations.

Un chef parti de Samoa, Oro, aborda Raiatea et donna à l'établissement qu'il y fonda le nom de sa mère-patrie, Savaii ou Havaii : sa descendance se répandit à Tahiti et dans les îles voisines.

Les îles septentrionales de l'Archipel Marquisien furent peuplées par une migration venue des Tonga : les traditions locales rappellent qu'elles étaient originaires de Vavau et apportèrent avec elles l'arbre à pain, la canne à sucre et un grand nombre d'autres plantes. Les îles méridionales reçurent leurs habitants d'Hawaiki, rapportent les légendes : il s'agit soit de l'Hawaiki des Samoa ou Savaii, soit de l'Havaii fondé à Raiatea.

La tradition de l'Archipel Hawaii porte que le premier homme et la première femme, amenant avec eux un cochon, un chien et une paire de poules, arrivèrent dans une pirogue venant de Tahiti ; ils abordèrent sur la côte orientale de l'Ile Hawaii et s'y établirent ; ces premiers émigrants avaient conservé le souvenir du grand archipel, source première de toute émigration, puisqu'ils donnèrent à l'île qu'ils touchèrent le nom de Hawaii (pour Hawaiki) et à l'une de ses pointes le nom d'Upolu, qui est le nom de l'une des Samoa ; Hawaii était alors peuplée d'une race noire, ce qui expliquerait pourquoi les Hawaiiens ont généralement le teint plus foncé que la plupart des autres Polynésiens.

Dans les Iles Tuamotu se sont rencontrés des éléments polynésiens et des éléments noirs, ces derniers provenant soit des nègres océaniens, qui auraient été chassés de Tahiti, ou bien qui seraient venus soit des Fiji, soit des Carolines, ce que semblerait indiquer la forme des pirogues de l'archipel.

Les Iles de Cook, et l'Ile Rarotonga en particulier, furent colonisées en même temps par des Samoans et par des Tahitiens, puis devinrent un centre d'émigration vers les Gambier, vers Rapa, vers les Tubuai, où les Tahitiens vinrent aussi, vers la Nouvelle-Zélande.

Les Kingsmill (Archipel Gilbert) ont été peuplées par une colonie de Carolins, qui apportèrent le taro, et une colonie de Samoans, qui introduisirent l'arbre à pain ; une guerre éclata entre les deux fractions ; tous les hommes de la seconde furent exterminés ; les femmes furent épargnées ; elles s'unirent aux Carolins ; la population actuelle des Gilbert provient de ces unions.

Quant aux indigènes, qui ont colonisé l'Ile de Pâques, ils vinrent de l'ouest, d'après une tradition locale que j'ai pu recueillir. Le roi Hotumetua, qui régnait à M'Avai-tu, fut dépossédé après vingt-cinq ans de règne. La veille de son départ, il vit en rêve son oncle, qui lui donna l'ordre de se diriger vers le levant, l'assurant qu'il trouverait au milieu de l'Océan une île lointaine où il pourrait s'établir ; Hotu s'embarqua ; il erra sur les flots pendant trois mois ; sa femme et 200 fidèles l'accompagnaient ; dès qu'ils eurent touché Rapa-Nui, qu'ils nommèrent Tepito te

Fenua, leur premier soin fut de planter les végétaux qu'ils avaient apportés : des ignames, des patates, des cannes ; les ignames vinrent à merveille même sur les hauteurs, les cannes poussèrent splendidement, les patates réussirent aussi bien. Ce ne serait que sous l'arrière-petit-fils de Hotumetua que les statues auraient été sculptées ; à ce moment, la population était d'environ 2.000 habitants. Ces statues ne furent jamais des idoles ; elles ne représentaient pas les *Too* ou *Toko*, génies polynésiens présidant à la navigation et à la pêche, à l'agriculture, aux chants et aux danses, dont le culte utilisait, le plus souvent à titre de tabernacle, des blocs évidés, sans figure et sans forme, enveloppés de chiffons ; ces statues étaient les images des *Tii* ou *Tiki*, esprits gardiens des animaux et des plantes, des poissons et de tout ce qui vit dans la mer, des limites entre les terres et les flots ; ces statues vigilantes étaient, à l'Ile de Pâques, placées les unes sur le bord du rivage, les autres près des tombes ; les familles, qui voulaient décorer leurs *pakaopa* ou leurs *ahu,* achetaient aux artistes une statue contre une quantité convenue de volatiles, de poissons et d'anguilles fumées. D'où vint Hotumetua et ses sujets ? On croit assez communément les habitants de l'Ile de Pâques originaires de l'Ile Rapa, d'où leur nom actuel de *Rapa-nui* « ceux de Rapa la grande ». Ne seraient-ils pas venus des Samoa, puisque M'Avai-tu, c'est Savaii la Sainte, cette Savaii, mère de toutes les îles d'après Tupaia ? En tout cas, les jaunes de l'Ile de Pâques sont venus ou directement de Savaii, l'une des Samoa, ou de Rapa la petite, qui elle-même avait été colonisée par une émigration venue des Samoa.

La date de ces diverses migrations peut être assez vaguement fixée par l'étude des généalogies que les familles princières conservent dans certaines îles avec le plus grand soin, en les moulant dans des chants confiés à la mémoire des *orero*, rapsodes qui avaient pour fonction de débiter les traditions pendant les cérémonies du *marae*.

Lorsque l'expédition américaine de **Porter** toucha Nukahiva, en 1813, le chef principal de l'île nomma 88 générations s'étant succédé dans l'île depuis l'arrivée de Vavau ; ce chiffre porterait à 2.640 ans en arrière la date du peuplement, soit à l'an 827 avant notre ère.

La généalogie des Tamehameha, souverains des Iles Hawaii, comptait en 1840, d'après Hale, 67 générations ; l'histoire indigène de Navika, plus connu sous le nom de David Malo, donne la liste de 75 chefs ayant gouverné l'archipel entre la date de l'arrivée et 1820 : en estimant la génération ou le règne à 30 ans, l'arrivée des Polynésiens aurait eu lieu il y a 20 ou 23 siècles ; Hale, retranchant de la liste les ancêtres fabuleux des rois des Hawaii, et supprimant ainsi 22 générations, porte la première colonisation de l'archipel vers la fin du v⁰ siècle.

Diminuant encore ces chiffres, en considérant que les chansons généalogiques représentent non pas des générations, mais simplement des règnes, M. de Quatrefages fixe vers l'an 419 l'arrivée des Tongans aux Marquises, vers 701 ou 890 l'arrivée des Tahitiens aux Iles Hawaii.

En calculant d'après les mêmes bases, Rarotonga aurait été colonisée vers l'an 1207, les Iles Gambier 63 ans plus tard, la Nouvelle-Zélande vers 1400.

A quelle époque les Polynésiens seraient-ils passés de la Malainésie dans la Polynésie, venant de Boeroe? De l'avis de M. de Quatrefages, l'émigration primitive aurait précédé de peu l'invasion de Tonga et le premier peuplement des Marquises : dans ce cas, la date pourrait être portée vers le IIe ou le IIIe siècle avant notre ère.

Après avoir assisté au peuplement de la Polynésie, portons notre attention sur la marche des migrations polynésiennes qui, de Boeroe, de Ceram, de Dsjilolo se dirigèrent au sud, en longeant les côtes de la Nouvelle-Guinée et les lisières des territoires papou.

Les Polynésiens établirent des colonies compactes, qui ont conservé leur langue, au nord des Salomon, à Ongtong-Java, et à Sikaiana, au sud des Salomon, dans les Iles Bellona et Rennell, dans les Nouvelles-Hébrides aux Iles Sheppart, à l'Ile des Trois-Monts, à Vate (Ile Sandwich), à Anina, à Futuna ou Erronan, dans les Iles de Loyauté à Ouvéa. La langue polynésienne est d'une absolue pureté dans ces diverses colonies ; ainsi

Un se dira *tasi* à Anina et à Futuna, comme aux Samoa ;

Deux	—	*rua*	—	—	— en N.-Zélande ;
Trois	—	*toru*	—	—	— en N.-Zélande ;
Quatre	—	*fa*	—	—	— aux Samoa ;
Cinq	—	*rima*	—	—	— en N.-Zélande ;
Six	—	*ono*	—	—	— aux Samoa ;
Sept	—	*fitu*	—	—	— aux Samoa ;

Huit se dira *varu*, — neuf *iva*, — dix *fulu* ou *furu*.

Dans certaines de ces îles, les Polynésiens ont, en s'alliant aux noirs, perdu graduellement de leur originalité ; leurs caractères physiques se sont effacés leur langue subsiste seule.

Près de l'Ile Santa-Cruz, se trouve, dans l'Ile Tucopia, un foyer polynésien, qui a conservé, outre sa langue, ses caractères physiques.

Dans les Iles Swallow, non loin de Tucopia, si le langage est un pur polynésien, les caractères physiques sont demeurés mélanésiens. Dans plusieurs îles voisines, mêmes phénomènes : des noirs mélanésiens y parlent le polynésien.

Plus loin, les Polynésiens n'ont laissé au passage dans chaque île que quelques familles, qui se sont fondues dans l'élément noir. Le Polynésien, au teint si clair, aux grands yeux, au front élevé, n'est plus reconnaissable dans ces hommes noirâtres, aux yeux petits, au front étroit et fuyant, dont les cheveux sont crépus et parfois laineux, chez qui la polygamie est inconnue, qui mâchent le bétel, dont les armes de guerre sont l'arc et la flèche. La trace polynésienne y est indiquée par quelques mots intercalés dans le vocabulaire mélanésien. Ainsi le mot polynésien *rima* ou *lima* (main) se retrouve aux Nouvelles-Hébrides dans le *lima* de Malo, d'Api, de Nguna, le *rima* de Futuna ; le mot polynésien *manu* (oiseau) se retrouve à Api, à Vaté, à Tanna, à Futuna ; dans l'Ile Api, où les noirs ne connaissent que cinq noms de nombre et où ils disent pour 6, 5 + 1, pour 7, 5 + 2, et pour 10, 2 fois 5, ils ont reçu des Polynésiens les 5 premiers nombres.

Sur la côte septentrionale de la Nouvelle-Guinée, quelques mots polynésiens se sont implantés ; un plus grand nombre se retrouve sur la côte méridionale : *sa-mosi* (un), *rue-ti* (deux), *toru* (trois), *faat* (quatre), *rimi* (cinq), sont identiques comme forme au dialecte de Monahiki, situé sous le même degré de latitude (le 1ᵉʳ degré sud), où deux se dit *rua*, trois *toru*, quatre *fa*, cinq *rima*.

Origine asiatique des Polynésiens

D'après les Vedda, le Mer-ou ou Pa-mer est au centre de la Terre une montagne dont la cime touche le Ciel : il sert de résidence à Brahma et aux autres dieux.

Autour du Pa-mer ou Plateau de Pamir, étaient cantonnés, aux époques les plus lointaines, des Noirs, des Jaunes et des Blancs.

Il fut un temps où les montagnards jaunes de l'Hindou-Kouch, bras de la Montagne-Sacrée, — ils étaient *Touraniens*, — envahirent les plaines de l'Inde, qu'habitaient des populations plus foncées, probablement des Negritos ; ils portèrent dans l'Inde leur langue.

Les peuples de l'Inde, nés du mélange des Touraniens et des Negritos, les Dravidiens, ne formèrent pas un empire unique ; ils demeurèrent groupés en tribus ; ils habitaient des villes magnifiques ; ils étaient mineurs et forgerons ; ils possédaient des richesses considérables en or et en pierres précieuses ; ces hommes à peau brune étaient habiles, forts et belliqueux, archers admirables, dont les cuirasses étaient impénétrables.

Plusieurs siècles après, vinrent les Aryens ou Aryas, hommes à peau blanche, qui parlaient le Sanscrit ; ils firent irruption dans l'Inde par l'ouest. La lutte fut vive. Les Aryas l'emportèrent. Les deux peuples se pénétrèrent, mêlèrent leur civilisation et leurs langues.

Les Touraniens, premiers envahisseurs de l'Inde — qui ont actuellement pour représentants en Asie les Mongols et les Turcomans, en Europe les Finnois, — et leur descendance dravidienne, se rattachent par cent analogies caractéristiques avec les peuples jaunes de la Malainésie et de la Polynésie, avec les peuples noirs de Madagascar, et ont quelques affinités, provenant d'infiltrations, avec les peuples blancs de la Khaldée et de l'Égypte.

Chez ces peuples, il y a des similitudes de langage nombreuses. Ainsi dans le kanara, qui semble avoir conservé l'empreinte du dravidien primitif, bouche se dit *bahi* : ce mot ne passe pas dans le malais et le javanais, mais il prend la forme *baba* dans les Iles asiatiques des premiers Polynésiens, *baba* et *biby* dans les Iles Philippines, *vava* à Madagascar, *vaha* à Tahiti. Ainsi, dans le dialecte malabar de l'Inde, qui coudoye le kanara et est également d'origine dravidienne, maison se dit *kal* : le mot est devenu *hale* à Hawaii, *fare* à Tahiti, *vale* aux Fiji et *vala* à Madagascar. Fleur, en kanara *hua*, est en polynésien *hua* (fruit), qui se prononce oua, comme le mot malgache *voa* (voua), qui signifie germe. Herbe, en kanara *ulu*, se retrouve en polynésien sous la même forme *ulu*.

Il est évident que la similitude de langue n'implique pas similitude de caractère physique, d'origine et de races ; mais d'autres similitudes que des analogies de langue se reconnaissent dans cet immense éventail qui, s'appuyant sur l'Inde dravidienne, se développe à travers la Polynésie, la Malainésie et Madagascar.

Dans cette aire d'une considérable étendue, il y a ana-

logie dans les religions avec les grands dieux Sin, Ra,
Hor ; analogie dans les habitudes religieuses sur l'origine des choses et les triades ; analogie dans le matériel du culte, les hauts-lieux, les autels, les tabernacles,
les barques sacrées, les bois sacrés ; mêmes sacrifices
humains ; mêmes tendances à l'anthropophagie ; analogie dans les mœurs et coutumes dont quelques-unes
marquées d'un cachet unique, tels les castes, le baiser
nasal, l'hospitalité, le culte des morts, la divination,
le tabu, l'amputation des phalanges, le goût pour le
jaune, les onctions et parfums, les couronnes et guir-
landes, **le tatouage, la tape de papyrus, les bijoux, les
armes**; analogie **dans la construction des mégalithes** ;
analogie dans le type physique, telle la distension du
lobe des oreilles.

Il n'est pas téméraire de conclure que ces peuples
divers — malgré leur différence de couleur — sont
sortis d'un berceau commun ou ont reçu l'empreinte
de peuplades rayonnant d'un même centre. Je n'in-
siste pas sur ces origines ; qu'il me suffise d'avoir
touché un coin du voile mystérieux, qui couvrira
longtemps encore l'histoire des temps héroïques.

Je reviens aux Polynésiens. Touraniens ou Dravidiens de l'Inde, plus ou moins bruns, émigrèrent sous
la pression des envahisseurs aryens, dont j'ai parlé, et
ils vinrent dans les Iles de l'Insulinde, qu'habitaient
des Negritos ; ils y firent souche polynésienne.

Postérieurement, des peuples plus jaunes se jetèrent
sur ces îles, ils venaient de l'Indo-Chine ; ils étaient
d'origine touranienne et de race thai : ce furent d'abord
des Malais, avant-garde du courant thai, occupant la
presqu'île malaise ; ce furent ensuite probablement
des Tsiam ou Cham, suivant l'orthographe portugaise

usitée pour la transcription des mots annamites.

Le Tsiampa était un immense royaume, qui s'étendait de Saï-Gon en Cochinchine à Cao-Bang au Tonkin; les annales chinoises et annamites mentionnent son existence 2874 ans avant l'ère chrétienne; les ruines du Binh-Thuan, du Khanh-Hoa, du Phu-Yen, du Binh-Dinh au sud-est de l'Annam, du Quang-Nam, du Quang-Binh et du Ha-Tinh au nord-est, attestent sa puissance; Marco-Polo en parle au xiiie siècle sous le nom de Grande Contrée de Cyamba. Les Tsiam étaient d'un beau type; leur teint variait du blanc sale au jaune rougeâtre; leur nez était droit, presque aquilin, mais large; leurs yeux étaient noirs, bien fendus, pas bridés, les traits réguliers; leur taille était plus élevée que celle des Annamites; c'étaient des marcheurs infatigables, des chasseurs intrépides; leurs descendants indo-chinois ne portent ni la natte du Chinois, ni le chignon de l'Annamite; leurs cheveux, comme ceux des Cambodgiens, sont taillés en brosse: refoulés par les Annamites, ils ne forment plus aujourd'hui que quelques îlots dispersés dans les forêts de la province de Binh-Thuan, où ils peuplent plus de quatre-vingts villages bâtis sur pilotis, dans quelques localités de l'Annam, de la Basse-Cochinchine (à Tay-Ninh et à Chau-Doc), du Cambodge et du Siam.

Ces Tsiam sont proches parents des Malais, comme leur langue en témoigne; un tiers de leurs mots se retrouve dans le malais.

Deux	en malais	*dua,*	se dit en tsiam	*dua;*
Six	—	*anam,*	— —	*nam;*
Huit	—	*dulapan,*	— —	*tlapan;*
Neuf	—	*sambilan,*	— —	*samlam;*
Dix	—	*sapulah,*	— —	*seplu;*

Nuit en malais *malam,*   se dit en tsiam *balam ;*
Vent   —   *angin,*   —   —   *agnin ;*
Œil   —   *mata,*   —   —   *matu.*

Les deux grandes branches thai, celle des Malais
et celle des Tsiam, quoique parentes des Polynésiens
— puisque tous trois étaient touraniens et parlaient
le même langage, — envahirent donc leurs îles. Le
torrent des tribus indochinoises s'étendit en largeur
plus qu'en longueur ; son aile gauche couvrit Formose
et les Philippines qu'habitait la race noire des Negritos ; son aile droite, la Presqu'île de Malacca, Sumatra
et Java, où les noirs furent exterminés ; son centre
s'avança sur les Iles déjà colonisées par les Polynésiens
venus de l'Inde ou d'une autre partie de l'Indochine ;
il refoula dans l'intérieur de Bornéo les Dayak, dans
les Celebes les Boughi et les Makassar, dans l'intérieur
de Sumatra les Batak.

Les Dayak de l'intérieur de Bornéo ont encore une
ressemblance frappante avec les Polynésiens ; leurs
dialectes, quoique aujourd'hui mêlés de mots malais,
conservent la marque de leur origine polynésienne ;
les Dayak, comme les Polynésiens de Polynésie, ont
l'habitude de momifier la tête des chefs ennemis tués
dans le combat ou en embuscade ; ils pratiquent le
tabu ; ils se tatouent par piqûre ; ils construisent de
grandes cases communes.

Les populations de Celebes conservent aussi le cachet polynésien. Les Boughi ont maintenu en partie
intacte la langue polynésienne, bien qu'ayant été
directement civilisés par les Hindou, qui leur ont
apporté dans leur île l'alphabet sanscrit et bien qu'ils
aient pris aux Javanais leurs usages et leurs cos-
tumes ; les Alfourou de Celebes ou Hommes sauvages

de l'intérieur des terres sont, comme les Dayak, plus blancs que les populations malaises : leur dialecte est polynésien.

Les Alfourou de Boeroe ont à un tel point le cachet polynésien que le naturaliste Horatio Hale y plaçait, avant M. de Quatrefages, le berceau des Polynésiens.

Madame Ida Pfeiffer présente les Alfourou de Ceram comme des Polynésiens : « Leur corps est svelte et bien proportionné ; il y a parmi les jeunes filles des figures extrêmement jolies ; ils ont le teint d'un brun clair prononcé ; de beaux yeux noirs, des dents blanches et des cheveux noirs, fort épais. » Les hommes portent une ceinture faite de l'écorce d'un ficus ; ils coupent la tête des ennemis tués ; ils se tatouent ; ils ont des maisons communes.

Les Batak du nord de Sumatra et des îles occidentales Babi, Nias, Nassau, sont des vestiges polynésiens ; ils ont des muscles prononcés, une couleur brun clair, des joues quelquefois rosées, une barbe assez épaisse, une bouche plus petite, un nez plus aplati que celui des Malainésiens ; leurs lèvres sont moins épaisses, leurs pommettes moins proéminentes, leur mâchoire inférieure moins large ; leur chevelure est fine et non pas dure.

Les mêmes caractères distinguent des Malainésiens les populations de Lombok, de Soembawa, de Timor, des Iles Kei sur la grande courbe malainésienne.

Les Batak, les Dayak et les autres Polynésiens de la Malainésie ; comme de la Mélanésie, sont frères des Malainésiens, les uns comme les autres sont issus de la branche jaune de la grande souche touranienne.

En s'éloignant de ses premiers habitats des côtes asiatiques, la langue mère a perdu chez les Polynésiens diverses consonances, qui se sont maintenues dans le malainésien, le batak et le malgache ; ainsi :

	Moustique	Ciel	Vent
Malais.	*namuk*	*langit*	*angin*
Javanais. . . .	*lamuk*	*langit*	*angin*
Batak	*namuk*	*langit*	*angin*
Dayak.	*namuk*	*langit*	*angin*
Malgache. . . .	*— muk*	*lanit'*	*anin'*
Neo-Zélandais .	*namu*	*rangi*	*angi*
Samoan	*namu*	*lagi*	*agi*

Autres exemples :

	Malainésien	Polynésien
Chemin	*ujalan*	*ala, ara*
Pluie	*udja*	*uha, ua*
Canot.	*wangkang*	*vaka, vaa*
Quatre.	*ampat*	*fa, a*

Ces exemples semblent permettre de conclure, en généralisant, que la langue asiatique primitive, mère du malainésien, comme du malais et du tsiam, mère du polynésien, comme du batak, mère du malgache, s'est, au cours des migrations à travers les océans, épurée, simplifiée.

Ce n'est pas seulement sur certaines parties des côtes de l'Indochine, de la Presqu'île Malaise et de l'Inde, qu'apparaissent des vestiges de la langue asiatique primitive, qui nous occupe.

Si nous suivions la trace des migrations mongoliques, qui ont essaimé du Plateau de Pamir vers les immensités de l'ouest, nous pourrions saisir quelques traces de similitudes manifestes entre les langues des Malainésiens, des Polynésiens et des Malgaches et les idiomes parlés par les descendances mongoliques, qui s'étendent avec les Ostiak dans le Bassin de l'Ob, et avec d'autres rameaux finnois vers le Petchora, le Dvina et le cours moyen du Volga.

En interrogeant les plus vieux monuments des langues primitives de la Khaldée, nous verrions les anciens Akkad des rives de l'Euphrate parler une langue touranienne, ayant d'évidentes analogies avec celle des peuples que nous considérons.

Ainsi :

Main se dit en akkadien *kat*, mot quelque peu analogue au neo-zélandais *rin-ga*, et au sakalava de Madagascar *tang-ka*.

Manger se dit en akkadien *anam*, en neo-zélandais *kame*, en malgache *homan'*.

Mourir et tuer se disent en akkadien *bat*, en neo-zélandais, en tahitien, en samoan *mate*, en malgache mourir se dit *maty* et mort *faty*.

Ce ne sont pas là des analogies accidentelles : le nombre des rapprochements pouvant être présentés est assez élevé pour certifier une vague parenté.

CHAPITRE III

DÉCOUVERTES

Première traversée du Pacifique.
Les Mariannes (1521)

Au XVe siècle, les Italiens faisaient presque seuls
tout le commerce des denrées, particulièrement des
épiceries, le poivre, la cannelle, le clou de girofle, le
gingembre, la noix muscade, que l'Europe demandait
à l'Extrême-Orient.

Longtemps ce commerce passa par la voie de la
Mer Rouge. Des bords de cette mer, les marchandises
étaient transportées par chameaux jusqu'au Nil ; des
bateaux les descendaient aux ports de l'Égypte, où
venaient les charger les navires de Venise, qui possédait plus de 3.000 bâtiments, de Gênes, de Pise,
d'Amalfi, où fut, dit-on, inventée la boussole par
Flavio Giojà.

Lorsque des pillards arabes fermèrent la route du
Golfe Arabique, les marchandises des Iles équatoriales et de l'Inde furent dirigées sur le Golfe Per-
sique, d'où par l'Euphrate, l'Indus, l'Oxus et les dé-
serts, elles parvinrent à la Caspienne ou à la Mer
Noire, et de là aux rives de la Méditerranée, où les
Italiens allaient les chercher pour les répandre jusqu'aux ports les plus reculés de l'Europe.

Plus tard, quand le sultan d'Égypte eut rendu de

nouveau praticable le chemin du Nil, les Vénitiens, ses alliés, s'emparèrent du commerce et fournirent seuls les denrées de l'Orient à l'Europe.

Le commerce des aromates tentait les Portugais : ils conjecturaient, au souvenir des voyages effectués par les Phéniciens, que, de l'Océan Atlantique, ils devaient pouvoir se rendre par mer jusque vers les parages de la Mer Rouge, en contournant l'Afrique, et qu'en poussant la navigation à l'est, ils devaient parvenir aux Iles à Épiceries, que l'on nommait alors Malucho, d'où est venu le nom de Molukkes.

Guidés par Vasco de Gama, les Portugais doublèrent, en 1497, le Cap de Bonne-Espérance, que Dias, accompagné du navigateur vénitien Cadamosto, avait découvert, en 1485, en s'efforçant d'aller à la recherche du prêtre Jean, dont les traditions populaires fixaient le séjour en Éthiopie.

Vasco de Gama longea l'Afrique orientale, vit la côte de Natal, à laquelle il donna ce nom, passa sans l'apercevoir devant la ville de Sofala, alors célèbre en Europe par ses richesses et son commerce et que dix ans auparavant avait visitée, au retour de l'Inde, le Portugais Pero de Covilham. A Mélinde, il rencontra un pilote arabe, qui s'engagea à le conduire vers les côtes de l'Inde : le trajet entre Mélinde et la côte de Malabar s'effectua rapidement ; le dimanche 20 mai, les Portugais aperçurent les montagnes qui s'élèvent au-dessus de Calicut. Vasco de Gama descendit à terre le 28 mai 1498 pour offrir quelques présents au samondri-radja du Royaume de Kanara ; avec la mousson d'août, il revint vers la côte d'Afrique et rentra à Lisbonne après trois ans d'absence.

En 1500, le roi de Portugal, don Manuel, dirigea

vers l'Inde une nouvelle flotte de douze navires, sous les ordres de Cabral ; en 1502, une vingtaine de caravelles, bien armées, furent confiées à Vasco de Gama, nommé amiral des Indes ; il visita les côtes de l'Inde de Cambaye à Cochin et recueillit des informations précieuses sur les produits du pays, la cannelle, les épices, les métaux précieux ; il entendit parler de l'Insulinde et de ses produits : la noix muscade, le clou de girofle, le bétel, la civette. Les expéditions vers les Indes se succédèrent : un fort fut construit à Cochin en 1503. Don Francisco de Almeida fut nommé vice-roi de l'Inde en 1506. Ce fut lui qui envoya, en 1509, Sequeira faire des découvertes dans l'est, et reconnaître Malacca, dont s'empara, en 1511, Alfonso d'Albuquerque, successeur d'Almeida : trois bâtiments furent envoyés à la recherche des Iles à Épices ; ils touchèrent à Amboina en 1512. Néanmoins les Portugais ne s'y établirent qu'en 1521.

Les possessions acquises par l'Espagne dans les Indes Occidentales et sur les côtes de l'Amérique du Sud par le Portugal vers les parages du Brésil, élevaient de fréquents différends entre les deux couronnes. Pour les trancher, le pape Alexandre VI, le père de César et de Lucrèce Borgia, traça une ligne de démarcation, passant par l'Ile de Fer, l'une des Canaries, où Ptolémée avait placé le premier méridien ; cette ligne fut peu après reportée à 30° à l'ouest du méridien de l'Ile de Fer ; tout ce qui était au levant de la ligne devait appartenir aux Portugais, tout ce qui était au couchant aux Espagnols. Cette ligne de démarcation (qui correspond au 50e degré à l'ouest de Paris) laissait le Brésil aux Portugais et le Pérou aux Espagnols. Elle devait couper les

Molukkes (par 130° à l'est de Paris) ; les Portugais
prétendirent que ces îles leur appartenaient, car ils
les avaient découvertes en naviguant dans leur domaine maritime vers l'orient ; les Espagnols soute-
naient que les Portugais plaçaient mal ces îles sur
leurs cartes, que les Molukkes étaient éloignées de
36° de Malacca, qu'elles se trouvaient par suite au
delà de la ligne de démarcation et dans le lot espagnol.

C'est au moment où ces discussions étaient vives
que don Ferdinand Magellan fit offrir au roi d'Espagne d'aller aux Molukkes par la voie de l'occident.

A la suite du duc d'Albuquerque, Magellan, gentilhomme portugais, avait passé cinq ans aux Indes : de
Calicut, il était allé à Sumatra. Lorsqu'il revint à
Lisbonne, il sollicita de la Cour quelque avancement.
Il employait ses loisirs à étudier tous les documents
du Cabinet royal, où étaient rassemblées les cartes
sur lesquelles les navigateurs et les astronomes si-
gnalaient leurs découvertes dans l'espoir d'une ré-
compense ; là, il trouva une carte de Martin Behaim
de Nuremberg, où était dessiné un détroit permettant
de passer de l'Atlantique dans l'Océan, qui fut appelé
par la suite le Pacifique.

N'obtenant pas l'avancement qu'il sollicitait, et don
Manuel refusant d'augmenter ses appointements d'un
seul teston (ou demi-ducat) par mois, Magellan alla
en Espagne offrir ses services aux adversaires de son
pays ; il proposa au jeune roi d'Espagne, Charles Ier,
depuis Charles-Quint, de conduire une escadre
jusqu'aux Iles à Épices, en demeurant toujours à
l'ouest de la ligne de démarcation.

Le cardinal Ximenès, premier ministre du roi,

écouta le projet d'autant plus favorablement que Roderic Faleiro, qui faisait profession d'astrologie judiciaire (il devait mourir dans un hôpital de fous), faisait voir sur la mappemonde, le compas en main, que ces îles étaient situées en deçà du 180e degré de longitude occidentale de la ligne de démarcation.

L'escadre de Magellan, composée de cinq navires de faible tonnage, quitta Séville le 10 août 1519 avec 237 hommes d'équipage ; elle descendit le Guadalquivir et fut rejointe à San Lucar de Barrameda, par son capitaine général ; le 20 septembre, elle s'éloigna des côtes d'Espagne.

Après avoir touché aux Canaries, passé près du Cap-Vert et de Sierra-Leone, après avoir dépassé la Ligne équinoxiale et perdu de vue l'étoile polaire, Magellan

Le Détroit de Magellan
et le Détroit de Le Maire.

mit le cap entre le sud et le sud-ouest dans la direction de la Terre du Verzin, c'est-à-dire du Brésil, qui appartenait au roi du Portugal.

Cédons la parole au chevalier Antoine Pigafetta, gentilhomme de Vicence, historiographe de l'expédition : « Le 21 du mois d'octobre, jour de la Sainte-Ursule, étant par le 52e degré de latitude méridionale, nous trouvâmes un détroit que nous appelâmes le Détroit des Onze-Mille Vierges, parce que ce jour-là leur était consacré ; ce détroit, comme nous le vîmes par la suite, est long de 440 milles ou 110 lieues maritimes, qui sont de quatre milles chacune; il a une demi-lieue de large, tantôt plus et tantôt moins, et va aboutir à une autre mer, que nous appelâmes Mer Pacifique; ce détroit est environné de montagnes très élevées et chargées de neige; il est aussi très profond, de sorte que nous ne pouvions y jeter l'ancre que fort près de terre par vingt-cinq à trente brasses d'eau; tout l'équipage était si persuadé que ce détroit n'avait pas d'issue à l'ouest, qu'on ne se serait pas avisé même de la chercher, sans les grandes connaissances du capitaine-général. »

Après trente-huit jours d'une navigation assez pénible, le 28 novembre, Magellan quitta le détroit, « où les nuits n'étaient pas alors de cinq heures », pour entrer dans la grande mer, où il allait naviguer pendant 3 mois et 20 jours, sans trouver aucune nourriture fraîche : « On faisait tremper dans la mer de vieilles peaux, qui avaient servi d'enveloppe aux grands cordages; après les avoir ramollies pendant quatre ou cinq jours, on les coupait en quartiers, on les faisait cuire à la marmite et on les mangeait. »

L'escadre, dans cette mer qu'elle appela Pacifique, parce qu'elle n'y essuya aucune tempête, parcourut près de 4.000 lieues sans apercevoir aucune terre, à l'exception de deux îles désertes que, dans son dépit de n'y pas trouver de rafraîchissements, elle nomma Islas Desventuradas (Iles Infortunées). Il est probable que Magellan passa entre les Marquises et les Tuamotu, entre les Gilbert et les Marshall, et longea par le nord les Carolines. Le 6 mars 1521, il atteignit enfin les Iles des Larrons, qu'il appela ainsi parce que les habitants de ce groupe n'avaient aucune idée du droit dè propriété individuelle, s'appropriant fraternelle- ment — suivant un usage commun aux Polynésiens — ce qui tentait leur désir. Magellan mouilla proba- blement sur la côte de l'Ile Guam ou Guaham. Pour la première fois des Européens se trouvaient en pré- sence de Polynésiens. Quelle fut l'impression de Pi- gafetta : « Ces peuples sont grands et bien faits ; leur teint est d'une couleur olivâtre, mais on nous dit qu'ils naissaient blancs, et qu'ils devenaient bruns avec l'âge ; quelques-uns d'entre eux ont une longue barbe, des cheveux noirs noués sur le front et si longs qu'ils les attachent à la ceinture ; ils portent de grands cha- peaux de feuilles de palmiers ; ils ont l'art de se co- lorer les dents de rouge et de noir, ce qui passe chez eux pour une beauté ; les femmes sont jolies et déli- cates, d'une belle taille, et moins brunes que les hommes ; elles ont les cheveux fort noirs, épais et tombant jusqu'aux pieds ; elles vont nues comme les hommes, si ce n'est qu'elles se couvrent le milieu du corps avec un tablier étroit de toile ou plutôt d'une écorce mince comme du papier, qu'on tire de l'aubier du palmier ; elles ne travaillent que dans leurs mai- sons à faire des nattes et des corbeilles avec les feuilles des palmiers et d'autres ouvrages semblables pour l'usage domestique ; les uns et les autres s'oignent les cheveux et tout le corps d'huile de coco. Ce peuple se nourrit d'oiseaux, de poissons volants, de patates, d'une espèce de banane longue d'un demi- pied, de cannes à sucre, de noix de coco et d'autres fruits semblables. Leurs maisons sont de bois, cou- vertes de perches sur lesquelles on étend les feuilles de leurs bananiers longues de quatre pieds.Ils ont des chambres assez propres, avec des solives et des fenêtres ; leurs lits, assez doux, sont faits de nattes de palmiers très fines, étendues sur de la paille assez molle. Ils n'ont pour toute arme que des bâtons ou lances, garnies par le bout d'un os pointu de poisson. Leur amusement est de se promener avec leurs femmes dans des canots semblables aux gondoles de Fusine, près de Venise, mais ces barquettes sont plus étroites ; toutes sont peintes en noir, en blanc ou rouge ; la voile est faite de feuilles de palmiers cousues ensemble, et a la forme d'une voile latine ; elle est toujours placée d'un côté, et, du côté opposé,

Tatouage des Polynésiens occidentaux.

pour donner un équilibre à la voile et en même temps pour soutenir le canot, ils attachent une grosse poutre pointue d'un côté avec des perches en travers pour la soutenir ; c'est ainsi qu'ils naviguent sans danger ; leur gouvernail ressemble à une pelle de boulanger, c'est-à-dire

Anciennes pirogues à balancier des Iles Mariannes.

que c'est une perche au bout de laquelle est attachée
une planche ; ils ne font pas de différence entre la
proue ou la poupe, et c'est pourquoi ils ont un gou-

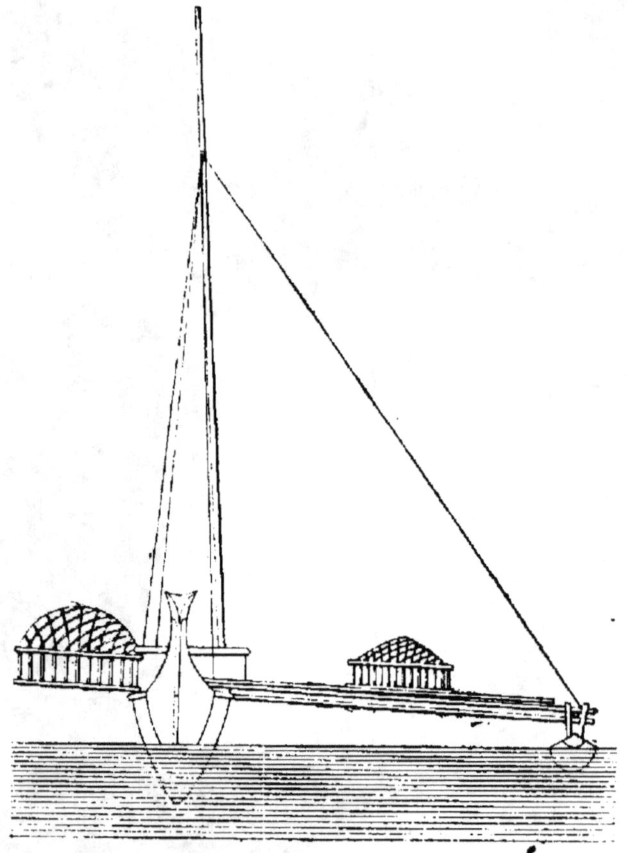

Coupe en profil d'une pirogue à balancier.

vernail à chaque bout. Ils sont bons nageurs et ne
craignent pas de se hasarder en pleine mer, comme
les dauphins. Ils furent si émerveillés et si surpris de
nous voir, que nous eûmes bien lieu de croire qu'ils
n'avaient vu jusqu'alors d'autres hommes que les habitants de leurs îles. »

Tels les habitants de ces îles, les Mariannais, apparurent au chevalier Pigafetta, tels ils sont aujourd'hui : leur teint est basané, leur taille élevée, leur corps bien proportionné ; ce sont des Polynésiens, comme en témoignent leurs caractères physiques, leurs coutumes leurs usages, leur langue.

Comme les Polynésiens, ils ont des canots à balancier ; ils ignorent l'usage des arcs et des flèches et sont armés de lances ; ils se vêtissent de tissus faits de l'aubier d'un palmier.

Comme les Polynésiens et les Malgaches, ils croient à l'in-

Tatouage des Polynésiens occidentaux.

fluence des astres, aux jours heureux et malheureux, aux bons et mauvais esprits ; ils consultent le destin.

Leur langue est formée d'éléments malainésiens (plus particulièrement de tagala) et d'éléments polynésiens : lune se dit *polan*, du malais *volan* ; — esprit mauvais, *aniti*, du philippin *anito* ; — œil, *mata*, comme en polynésien ; — griller, *tono*, presque comme en polynésien.

Les Iles des Larrons furent revues, en 1527, par Saavedra ; en 1563, par Miguel Lopez, de Legape, qui les appela Islas de Las Velas (Iles des Voiles), du grand nombre d'embarcations à voiles qui vinrent au-devant de lui ; il en prit possession pour le roi d'Espagne ; au temps de Philippe IV, roi d'Espagne, cet archipel fut, en l'honneur de la reine Marie-Anne d'Autriche, nommé Islas Marianas (Les Mariannes), et l'on écrivit longtemps en France Iles Mari-Anne.

Vers 1670, les indigènes allaient tenter de secouer le joug espagnol. Les historiens catholiques nous ont rapporté le langage que tenait l'un des chefs de la révolte pour amener ses frères à se joindre à lui : « Ces Européens auraient bien fait de demeurer dans leur pays ; nous n'avions pas besoin de leur secours pour vivre heureux ; contents de ce que nos îles fournissaient, nous nous en servions sans rien désirer au delà. Les connaissances qu'ils nous ont données n'ont fait qu'augmenter nos besoins et qu'irriter nos désirs. Ils trouvent mauvais que nous ne soyons pas vêtus ; si cela eût été nécessaire, la nature y aurait pourvu. Pourquoi nous charger d'habits, puisque c'est une chose superflue, et nous embarrasser les bras et les jambes sous prétexte de les couvrir ? Ils nous traitent de gens grossiers et nous regardent comme des barbares : est-ce à nous de les en croire ? Ne voyons-nous pas que, sous prétexte de nous instruire et de cultiver nos mœurs, ils les corrompent, en nous tirant de cette première simplicité, dans laquelle nous vivions ; en nous ôtant enfin notre liberté, qui nous était plus chère que la vie. Ils veulent nous persuader qu'ils nous rendent heureux, et plusieurs d'entre nous sont assez aveugles pour les en croire sur leur parole. Mais pourrions-nous les croire, si nous faisions réflexion que nous ne sommes accablés de misère et de maladie que depuis que ces étrangers sont venus troubler notre repos? ils ne viennent dans notre pays que pour nous désoler et pour nous perdre ; leurs prêtres tuent nos enfants par leur eau empoisonnée, nos malades par leur huile ; ceux qui les accompagnent nous massacrent impitoyablement avec leurs armes meurtrières. Avant leur arrivée, savions-nous ce que c'était que toutes ces bêtes qui nous persécutent si cruellement? Connaissions-nous les rats, les souris, les mouches, les moustiques et tous ces autres animaux qui ne sont au monde que pour tourmenter les hommes ? Voilà les beaux présents qu'ils nous ont faits et que leurs grandes barques nous ont apportés. Avant eux, savions-nous ce que c'était que rhumes, et que fluxions? Si nous avions quelques maladies, nous avions des remèdes pour nous en délivrer ; ils nous ont apporté leurs maux, sans nous apprendre à les guérir. Fallait-il que notre avarice et notre malheureux désir d'amasser du fer et d'autres bagatelles, qui n'ont de valeur que le prix imaginaire que nous leur donnons, nous précipitât dans de si grands maux ? Ils nous reprochent notre pauvreté ; mais, si nous sommes si pauvres qu'ils le disent, que viennent-ils chercher parmi nous? Croyez-moi, s'ils n'avaient besoin de nous, ils ne feraient pas tant de chemin pour venir, ni tant d'efforts pour s'établir. A quoi aboutit ce qu'ils enseignent? A nous faire prendre leurs coutumes, à nous assujettir à leurs lois, à nous faire perdre cette précieuse liberté que nos pères nous ont laissée ; en un mot, à nous rendre malheureux, pour jouir d'un bonheur *chimérique* — le paradis — dont on ne jouit que quand on n'est plus. Ils traitent nos histoires de fables et de fictions. N'avons-nous pas le même droit d'en dire autant de ce qu'ils racontent et de ce qu'ils nous proposent à croire comme des vérités incontestables ? Ils abusent de notre simplicité et de notre bonne foi. Tout leur art ne va qu'à nous tromper et qu'à nous rendre malheureux. Si nous sommes ignorants et aveugles, comme ils voudraient nous le faire croire, c'est, en effet, d'avoir reconnu trop tard leurs pernicieux desseins et d'avoir souffert qu'ils se soient établis parmi nous. Ne perdons pas courage à la vue de nos malheurs. Ils ne sont encore qu'une poignée de gens : nous pouvons aisément nous en défaire. »

Je reconnais, dans cette harangue, l'allure du discours polynésien et le ton de son éloquence. Ces Jaunes du Pacifique, malgré la simplicité de leurs vêtements, malgré leurs mœurs et leurs croyances, qui, d'ailleurs, ont bien des points de ressemblance et de contact avec les nôtres, ces Jaunes, que notre civilisation ignorait, étaient, au moment même où les premiers navigateurs les approchaient, des hommes pensant, des hommes sachant, souvent mieux que nous, dire ce qu'ils sentaient en un langage simple, clair, loyal.

Guillaume Dampierre, qui toucha l'Ile Guam en 1686, constate que peu de temps avant son arrivée, les habitants s'étaient soulevés contre les Espagnols ; que, repoussés, ils étaient passés en grand nombre dans les îles voisines. Vers la même époque, Coweyl

trouvait à Guam des soldats et des prêtres espagnols:
chaque année, des vaisseaux du quartier méridional
du Mexique venaient toucher aux Mariannes, et huit
bâtiments de Manila y apportaient du sucre, du tabac,
des soies et autres marchandises.

Durant la guerre de Succession d'Espagne,
quelques particuliers, à instincts de pirates, équi-
pèrent, en Angleterre, deux vaisseaux destinés à faire
des captures dans la Mer du Sud, c'est-à-dire le
Pacifique. Woodes Roggers, qui les commandait,
leva l'ancre de Bristol, le 2 août 1708; le 10 janvier
de l'année suivante, il se trouvait près du Pôle antarc-
tique par 61° 53′ « où il n'y avait point de nuit »; il
doubla le Cap Horn et vint toucher à l'Ile Jean-Fer-
nand, où il recueillit l'Écossais Alexandre Selkirk,
que le capitaine Stradling avait abandonné sur cette
île depuis quatre ans et quatre mois ; c'est l'aventure
de Selkirk qui a inspiré le roman anglais de Daniel
de Foë, *Robinson Crusoë*. Après diverses expéditions
sur les côtes espagnoles, Roggers vint mouiller à
l'une des Iles Gallapagos ; puis il fit voile vers le Cap
San Lucar de Californie, où il enleva un riche galion
de Manila, chargé pour la foire d'Acapulco; de là, il
se dirigea vers les Mariannes, en cinglant presque
toujours sous le 23e parallèle ; il atteignit Guam en
mars 1710; il écrit, dans son récit de voyage : « L'Ile
Guam est fort montagneuse et l'on y trouve quantité
d'excellente eau, d'oranges, de limons, de citrons, de
melons d'eau et musqués, dont les Espagnols y ont
porté la semence, de bœufs, qui sont maigres, petits
et presque tout blancs, et de cochons, dont la chair
est le meilleur porc frais que l'on puisse manger au
monde, parce qu'ils ne se nourrissent que de noix de

cacao, et d'un certain fruit qui sert de pain aux naturels du pays ; l'indigo y croît en si grande abondance,
que si les habitants avaient de l'industrie et des chaudières pour le faire bouillir, ils en tireraient beaucoup de profit ; mais éloignés de tout commerce, ils
n'en font aucun usage, et, contents du simple nécessaire, ils ne cultivent que ce qu'il leur faut pour
subsister. »

En 1716, l'Ile Guam fut visitée par un vaisseau
français équipé pour faire commerce au Chili et en
Chine ; il était commandé par Gentil de la Barbinais.
Ce bâtiment, après avoir passé le détroit de Le Maire,
longea les côtes du Chili et du Pérou, d'où il se dirigea sur l'Ile Guam ; dans sa relation du voyage,
imprimée à Paris en 1725, la Barbinais note : « Le
nombre des Indiens diminue tous les jours, et de
quinze mille qu'ils restaient après la conquête, à
peine en compte-t-on aujourd'hui quinze cents. »

Revenons à Magellan. Du Groupe des Larrons, il
continua vers l'est, et 300 lieues plus loin, il aperçut
l'Ile Zamal, c'est-à-dire Samar, et, le cinquième
dimanche de carême, qu'on appelle Lazare, ayant vu
une quantité d'îles voisines de Zamal, il leur donna
le nom d'Archipel de Saint-Lazare : ces îles furent,
plus tard, appelées Philippines, du nom de Philippe
d'Autriche, fils aîné de Charles-Quint.

San Martino, astrologue de Magellan, place les
Iles de Saint-Lazare par 10 degrés de latitude septentrionale et 161 degrés de longitude, à l'ouest de la
ligne de démarcation ; la latitude est juste ; la longitude est volontairement erronée ; en les plaçant au
161e degré à l'ouest du méridien de démarcation, San
Martino les inscrivait dans l'hémisphère espagnol, et

les Molukkes, but du voyage, qui sont situées sous une longitude peu différente, devaient revenir à l'Espagne ; si la situation exacte des Philippines avait été avouée, il eût fallu les placer entre 195 degrés et 205 degrés de la ligne de démarcation, avec les Molukkes, dans la zone portugaise !

Magellan fut tué en avril 1521 dans une descente entreprise contre les indigènes de l'île Matan. Cette mort n'arrêta pas l'expédition. Sous le commandement du Portugais Odoardo Barbosa, qui avait déjà été aux Molukkes par le Cap, et de l'Espagnol Jean Serano, elle visita Palaon (ou Palawan), Bornéo, Zolo (pour Solo), Serangani, près de Mindanao, et, le 8 novembre 1521, atteignait enfin Tador, l'une des Molukkes.

On nommait Molukkes les cinq petites îles où, d'après les idées du temps, se rencontraient des girofliers : c'étaient Tarenate (ou Ternate), la principale ; Tador (ou Tidore), gouvernée par un Arabe ; Mutir, sous la Ligne ; Machian (ou Makjan), plus au sud, et Bachian (ou Batjan), toutes cinq sur les côtes de Dsjilolo, « île si grande qu'un canot a de la peine à en faire le tour en quatre mois. » Par la suite, on vit les girofliers dans d'autres îles, auxquelles fut étendu le nom de Molukkes, sous lequel furent finalement comprises toutes les îles situées entre les Philippines et Timor.

Des Molukkes, l'escadre espagnole songea au retour, en continuant son tour du monde. Elle passa par Boeroe, où abondaient les cochons, les chèvres, les poulets, la canne à sucre, la noix de coco, le sagou, les bananes ; près d'Amboina, habitée sur les côtes par des musulmans, dans l'intérieur par des anthropophages ; à Timor, réputée pour le santal blanc ; de crainte des Portugais, elle évita l'Ile de Zumatra (auj. Sumatra), le Détroit de Malacca, dépendance du roi de Ciam (auj. Siam), le Bengala (auj. Bengale), l'Urizza (auj. Orissa), Calicut, Goa, chef-lieu de la vice-royauté portugaise, et toute la côte de l'Inde ; les malades eussent souhaité s'arrêter à Moçambique, où il y avait un établissement portugais : l'avis prévalut de ne pas aborder ; des vents d'ouest obligèrent à demeurer neuf semaines, les voiles amenées, en vue du Cap de Bonne-Espérance ; ce terrible cap doublé, l'expédition courut vers le nord-ouest pendant deux mois entiers avant d'atteindre les Iles du Cap-Vert.

Le 6 septembre, l'escadre, réduite de cinq navires à un seul, la Victoire, délabrée, criblée de voies d'eau, entrait dans la Baie de San-Lucar, n'ayant plus que 18 hommes d'équipage, sur les 237 partis trois ans auparavant ; le 8, elle jetait l'ancre près du môle de Séville, et le lendemain les survivants descendaient à terre, en chemise et pieds nus, un cierge à la main, se dirigeant vers la chapelle de Notre-Dame de la Victoire.

Bien que les compagnons de Magellan prétendissent avoir reconnu au cours de leur voyage que les Iles Molukkes sont situées dans la zone de 180° assignée à l'Espagne, les Portugais continuèrent à contester leur relevé et leur bonne foi. Vingt-quatre astronomes et pilotes, tant Portugais qu'Espagnols, furent désignés pour fixer la question. Après avoir longuement « syllogismé », ils conclurent qu'on ne pouvait décider la question qu'à coups de canon. Charles-Quint, bien qu'ayant en mains des lettres du roi de Ternate et du roi de Tidore se reconnaissant vassaux de la Couronne d'Espagne, fut assez sage pour préférer une autre solution ; il vendit, en avril 1529, ses droits et ses prétentions sur les Molukkes au roi du Portugal, Joao III, contre 150.000 pistoles.

Les Carolines et les Palaos (1528).
Les Marquises (1595)

La seconde flotte, qui passa le Détroit de Magellan dans le dessein d'aller aux Molukkes, fut équipée, vers 1523, aux frais de l'évêque de Plaisance, Jutières de Carjaval : trois des vaisseaux se brisèrent dans le Détroit pendant une tempête d'ouest, et le quatrième, ne se sentant pas en état de tenter la traversée du Pacifique, vint aborder à Lima, sur la côte du Pérou, où, hissé à terre, « il fut soigneusement conservé comme un monument du second passage d'une mer à l'autre : le mât du navire fut planté au-devant du Palais de Lima » ; on l'y voyait encore au temps où le provincial de l'Ordre des Jésuites, Joseph Acosta, écrivait son *Histoire naturelle et morale des Indes*.

En juillet 1525, l'empereur Charles-Quint fit partir de la Corogne une flotte de six vaisseaux, qui devaient traverser le Pacifique et atteindre les Molukkes ; elle fut placée sous le commandement de Garcia de Loaysa ; le 25 mai 1526 seulement, le Détroit de Magellan franchi, elle entrait dans la Mer du Sud et était, en juillet, rejetée sur les côtes du Mexique vers Tecoantepec (ou Tehuantepec) ; Garcia de Loaysa étant mort, Alfonso de Salazar, qui prit le commandement, fit voile vers les Iles des Larrons, qu'il toucha à Borta (probablement Rota), et se dirigea vers les Molukkes : il mourut pendant la traversée.

La route longue, incertaine et périlleuse du Détroit de Magellan devait être bientôt délaissée pour la route plus facile du Mexique aux Iles des Larrons et aux Molukkes.

Au moment où, en 1526, il venait d'être sommé de se rendre en Espagne pour se justifier des accusations portées contre lui, Fernand Cortès, capitaine-général de Charles-Quint, conçut le projet d'aider les vues de son souverain en envoyant du Mexique une escadre à travers la Mer du Sud vers les Iles à Épiceries. Il fit équiper trois vaisseaux, dont il confia le commandement à son parent dom Alvar de Saavedra : après une navigation de 2.000 lieues, qu'il estima faire 1.500 lieues en droiture, Saavedra découvrit, le jour de l'Épiphanie (1527), par 11° de latitude nord, un amas d'îles qu'il nomma Iles des Rois : ce sont peut-être les Marshall ; il parvint à Tidore et remit à la voile l'année suivante pour rentrer au Mexique ; après une navigation de 250 lieues, il mouilla dans des îles qu'il nomma Iles d'Or, ou Iles de la Nouvelle-Guinée, les croyant à l'opposite de la Guinée d'Afrique sous le même méridien. Leurs habitants étaient noirs et avaient les cheveux crépus. A 350 lieues plus loin, Saavedra trouva des îles — les Carolines — qui, elles, étaient peuplées d'hommes blancs, disons d'hommes à teint clair : il s'étonna fort de cette différence de couleur entre des habitants de terres si voisines.

Don Antonio Mendoza, vice-roi de la Nouvelle-Espagne, successeur de Fernand Cortès, ayant repris le projet d'ouvrir un commerce direct entre le Mexique et les Molukkes, arma une escadre, dont l'Italien

Giovanni Gaetano fut nommé pilote. Elle appareilla du port de Juan Gallego ou Port de la Nativité, en 1542. Entre la côte américaine et l'Ile Cæsarea Caroli, c'est-à-dire Luzon, dont il prit possession au nom de l'Espagne, Gaetano découvrit les Iles des Rois, les Iles du Corail, les Iles des Jardins, puis une île agréable et très peuplée, dont les indigènes accueillirent les navigateurs aux cris de : « Buenos dias, matalotes » ; elle fut appelée Los Matalotes.

Les Iles des Rois ne peuvent être identifiées ; les Iles du Corail et les Iles des Jardins font partie du groupe oriental des Carolines ; les Matalotes sont les Iles Palaos.

Les Iles du Corail et des Jardins furent revues en 1686 et en 1696 par des vaisseaux espagnols, qui leur donnèrent le nom de Carolinas (Carolines), du nom du roi régnant Charles II, à moins qu'elle n'ait reçu cette appellation en l'honneur de Dom Carlos, fils de Philippe II, roi d'Espagne. Ces îles étaient demeurées en dehors de la route fréquentée par les Espagnols.

Deux barques de l'Ile Faraulep, qui se rendaient à l'île voisine de Wolea, en 1721, furent surprises par le vent d'ouest, errèrent pendant vingt jours au gré des vents et finirent par venir aborder à Guam, dans les Mariannes. Les insulaires qui les montaient, étaient d'une taille haute et d'une grosseur bien proportionnée ; ils n'étaient pas tous de même couleur : les uns étaient clairs, les autres foncés, ce qui amène le président de Brosse à écrire dans son *Histoire des navigations aux Terres Australes :* « Presque par toute la Polynésie on trouve des habitants de trois couleurs, phénomène très étrange à la vérité. » Ces

Iles Carolines. — Danses polynésiennes.

Tous les peuples de la Polynésie aimaient et aiment la danse. A Tahiti, la *upaupa* ou *hiva* était exécutée au son d'un orchestre composé d'un ou plusieurs tambours (ou *pao*), d'un certain nombre de flageolets en bambou, dans lesquels on soufflait avec le nez, et d'un chœur d'hommes : le chef, muni d'un sifflet, annonçait chaque figure, qu'exécutaient simultanément les sujets de l'une ou l'autre des deux files.

Les danses avec le *tene* (gestes) se nommaient *haka* en Nouvelle-Zélande et, par suite, *saa* aux Samoa et *haa* aux Hawaii; la danse *hari* de Nouvelle-Zélande devenait *fali* aux Samoa : de la même racine vient le mot malgache *faly* (joyeux, qui se réjouit).

indigènes avaient pour vêtement un morceau de tissu, dont ils s'enveloppaient les reins et passaient entre les jambes ; leurs chefs avaient une espèce de robe fendue sur le côté, couvrant les épaules et la poitrine et tombant jusqu'aux genoux ; les femmes, outre le morceau de toile disposé comme sur les hommes, avaient une forte jupe, qui leur descendait de la cuisse jusqu'à mi-jambe ; les nobles se peignaient le corps et se perçaient le lobe des oreilles pour y passer des fleurs aromatiques, des graines de coco, ou même du verre, lorsqu'ils pouvaient s'en procurer.

Le père Cantova visita les Carolines en 1731 et fut tué dans l'Ilot de Mogmog, à l'ouest de Faraulep, par des indigènes qui lui reprochaient de vouloir détruire leurs coutumes.

Les gouverneurs espagnols des Philippines avaient souvent ordonné aux vaisseaux allant aux Mariannes de rechercher les Iles de Los Matalotes ou Palaos : les recherches demeurèrent vaines jusqu'en 1696. Un bâtiment, qu'une tempête avait fait changer de route, les aperçut : les missionnaires espagnols rapportèrent que par le ton et la couleur du visage les insulaires de ces îles sont assez semblables aux naturels malainésiens des Philippines, que leur teint est basané, mais que leur langue diffère de celle des Philippins et même de celle des Mariannais ; les hommes et les femmes laissaient croître leurs cheveux, qui leur tombaient sur les épaules ; les principaux d'entre eux se peignaient le corps pour se distinguer, par là, des gens du commun. François Padilla, qui alla reconnaître les Iles Palaos en 1710 sur l'ordre du roi d'Espagne et y installer un groupe de missionnaires catholiques, rapporte que parmi les indigènes, les uns, le plus grand nombre, avaient la peau olive, que les autres étaient noirs.

Le gouverneur espagnol du Pérou, Lope Garcia de Castro, désireux, à l'invitation du vice-roi du Mexique, de faire explorer les immensités du Pacifique pour le compte de l'Espagne, confia à son neveu don Alvaro Mendaña de Neyra deux navires montés par 125 hommes et 4 pilotes : ils appareillèrent et mirent à la voile le 19 novembre 1567, du port de Callao de Lima. Mendaña traversa toute la Polynésie sans rencontrer aucune de ses îles et atteignit la Mélanésie. Arrivé à 900 lieues des terres américaines, d'après ses estimations, — il s'en trouvait à 2.400 lieues, — il vit une petite île à laquelle il donna le nom de Bon-Jésus, sans pouvoir distinguer si ses habitants étaient indiens, c'est-à-dire jaunes, ou nègres. A quinze lieues de là, il aborda, en février 1568, une terre plus considérable qu'il appela Santa-Ysabel : « Nous donnâmes à l'île le nom de Santa-Ysabel, dit dans sa relation l'un des compagnons de Mendaña, parce que le jour de la fête de cette sainte, nous étions sortis du port de Callao et que le général avait promis que la première terre qu'il rencontrerait s'appellerait ainsi. » Les deux navires visitèrent, entre autres îles, Buena-Vista, la Belle-Vue, « dont les sites sont supérieurs même à ceux d'Espagne » ; San-Dimas, habitée, comme ses voisines, par des Indiens belliqueux ; Guadalcanar, où l'expédition trouva du gingembre « pour la première fois » et nomma la rivière, qu'elle rencontra, Ortega Mineros pour indiquer qu'elle contenait de l'or. Les indigènes se montraient hostiles : les vivres diminuaient, les arquebuses étaient hors de service, les cordages s'usaient, les matelots succombaient ; il devenait difficile de former un établissement colonial dans ces conditions ; le retour fut décidé : après treize mois et onze jours, Mendaña arriva sur les côtes de la Nouvelle-Espagne, à Colima au nord d'Acapulco.

Pour exciter l'enthousiasme, Mendaña représenta comme un El-Dorado sans pareil l'archipel auquel il avait abordé, et qu'il baptisa du nom d'Iles Salomon, en laissant supposer que là était l'Ophir où les flottes du grand roi avaient chargé tout l'or dont il orna le Temple de Jérusalem ; il conta que sur la côte de Guadalcanar il s'était emparé d'une ville où l'on trouva des grains d'or suspendus comme ornements dans les maisons, et il montra, avec des clous de girofle, du gingembre et de la cannelle, 40.000 pesos d'or qu'il avait chargés au Pays de l'Or.

Une seconde expédition fut organisée par le vice-roi du Pérou, Don Garcia Hurtado de Mendoza, pour exploiter les richesses imaginaires de ces contrées fortunées, bien que leur situation n'eût pas été nettement déterminée. Elle se composa de quatre navires montés par 400 hommes : le Cabinet de Madrid ordonna de transporter à San-Christoval (la plus méridionale des Salomon) tous les hommes errants dans les rues de Lima et de Callao, et les femmes qui consentiraient à les suivre. Mendaña eut cette fois pour pilote Fernandez de Queiros, un Portugais au service de l'Espagne. La flottille quitta le port de Callao en avril 1595 ; à 1.000 lieues du Pérou (en réalité à 1.300 lieues), elle rencontra un groupe d'îles, dans lesquelles Mendaña ne reconnut pas les Salomon et auxquelles il donna le nom de Islas Marquesas de Mendoza, en l'honneur de la

femme de Don Garcia de Mendoza, le vice-roi du
Pérou : il toucha le 21 juillet, veille de la Madeleine,
l'île Santa-Magdalena (qui est Fatuhiva), puis il
aborda la Domenica (Hivaoa) et Santa-Christina
(Tauata).

« L'Ile Christina, dit l'historien de l'expédition, est
bien peuplée, haute dans le milieu, pleine de roches
et de vallées où les insulaires ont leurs habitations ;
les naturels de ces îles sont plus basanés que ceux de
Magdalena ; d'ailleurs c'est à peu près le même parler
et les mêmes usages ; les femmes ont le visage et la
main très jolis, la taille fine, le corsage bien fait, le
teint passablement blanc : en un mot elles sont mieux
que nos plus jolies femmes de Lima ; elles sont
vêtues, de la poitrine en bas, d'un fin tissu d'écorce...
Nous vîmes, près de la baignade, une espèce de
temple ou sanctuaire formé d'une enceinte de palis-
sades, où étaient quelques figures de bois mal travaillées, auxquelles les insulaires présentent pour
offrandes diverses choses comestibles... Leurs pirogues sont fort bien creusées d'une seule pièce,
quille, poupe et proue, recouvertes de planches et
amarrées en cordages de cocotiers : il y en a qui
tiennent jusqu'à 30 et 40 rameurs ; ils les travaillent avec des doloires d'os de poissons et d'armi-
nettes de coquillages, qu'ils aiguisent sur de gros
cailloux... La force, la stature et l'air sain des
insulaires sont de bons indices de la saine température du climat... Les animaux les plus communs
sont des poules et des cochons semblables à ceux de
Castille. »

Continuant à se diriger vers l'ouest, Mendaña, au
bout de quinze jours, à la Saint-Bernard, à 40 degrés

des Iles Marquises, se trouva en vue de quatre petites îles basses, sablonneuses, couvertes d'arbres, qui furent nommées Saint-Bernard : deux siècles plus tard, Byron devait les retrouver en avant de Gente-Hermosa et du Groupe de l'Union, et les appeler Iles du Danger ; le 8 septembre, Mendaña dépassait les limites de la Polynésie et mourait peu après, laissant ses pouvoirs à Ysabel, sa femme, qui confia le commandement à Queiros. Le nouveau commandant, désespérant de retrouver les Iles Salomon, dont il ne connaissait ni la longitude, ni même la latitude, se dirigea vers les Philippines, d'où il revint à Acapulco et à Lima.

Queiros proposa à la Cour des Indes siégeant à Madrid de continuer l'exploration du Pacifique et la recherche du Continent Austral. Le roi des Espagnes, Philippe III, désireux de poursuivre l'œuvre entreprise sous le règne de son père Philippe II, donna ordre au vice-roi du Pérou, qui était alors le comte de Monterey, de faire armer deux navires, dont le commandement devait être confié à Fernand de Queiros et à Luis de Vaes de Torrès. Ils partirent du Callao en décembre 1605. Le 26 janvier, les deux navires découvrirent, à même distance du Pérou que des Marquises, mais plus au sud, et par suite dans la zone des Tuamotu, une petite île rase, d'environ quatre lieues de circuit, où l'on apercevait de l'eau et quelque verdure ; deux jours après ils en découvrirent encore une autre, cette fois haute, autour de laquelle on voyait voler beaucoup d'oiseaux ; vers le 9 février, on aperçut 5 ou 6 îles, et, quelques jours, après une plus grande, Sagittaria, dont les insulaires étaient de couleur olivâtre et bien proportionnés ; en se frayant un chemin sous bois, à la recherche d'une aiguade, « les Espagnols trouvèrent au milieu des arbres une place ronde entourée de petites pierres, avec un tas de plus grosses pierres debout, en forme d'autel, d'une coudée et demie de haut, appuyé contre un grand arbre ; c'était sans doute un lieu sacré où ces barbares allaient rendre leurs hommages au prince des ténèbres ». On a conjecturé que Sagittaria pourrait bien être Tahiti, qui fut revue 160 ans plus tard par Wallis.

Le 2 mars, l'expédition espagnole découvrit une nouvelle terre cultivée : « Dès que les indigènes virent les nôtres, ils vinrent à eux en faisant des signes de paix, surtout les femmes, qui étaient d'une jolie figure et d'un air tout à fait agréable ; on ne peut trop s'étonner de la blancheur extrême de ce peuple barbare, dans un climat où l'air, le soleil et le froid, auxquels les naturels sont sans cesse exposés, devraient les hâler et les noircir ; ces femmes sauvages effaceraient nos beautés espagnoles, si elles étaient parées et façonnées par le commerce du monde ; elles sont vêtues de la ceinture en bas de fines nattes de palmier bien tissées et d'un petit manteau de même sur les épaules ; elles nous jetèrent d'abord un coup d'œil doux et soumis, puis vinrent nous embrasser avec les plus grandes marques d'amitié. » Cette île, qui peut avoir six lieues de tour, fut appelée Gente-Hermosa (Ile de la Belle Nation) ; c'est l'une des Tokelau, au nord des Samoa.

Queiros visita ensuite une grande terre, qu'il crut être un continent et qu'il nomma Tierra Australe del Santo-Spiritu (Terre australe du Saint-Esprit), puis une vingtaine d'Iles, que Bougainville devaient revoir et appeler Grandes-Cyclades, et auxquelles Cook devait donner le nom, qui a prévalu, de Nouvelles-Hébrides.

Ni les Salomon, ni les terres entrevues en 1595 ne purent être retrouvées ; le retour fut décidé ; le 3 octobre, les côtes de Californie étaient aperçues ; une tempête jetait les navigateurs au Mexique, près du Port de la Nativité, où ils attendirent un moment propice pour faire voile vers Acapulco.

Cook retrouva les Iles Marquises en 1774 ; dans le récit de son voyage on peut lire : « Les habitants sont la plus belle race d'hommes de cette mer ; les femmes et les enfants ont le teint aussi blanc que celui des Européens. Le tatouage en général était disposé avec la plus grande régularité ; les piqûres d'un membre étaient conformes à celles d'un autre ; ces marques ne représentaient ni un animal, ni une plante ; c'étaient ou de simples taches ou des spirales, des barres, des carreaux et des lignes droites, ce qui offrait un aspect bizarre et varié. Ces Indiens ne portaient pas d'habits : en revanche, ils étaient surchargés d'ornements : une espèce de diadème ou un cercle de plumes de frégates, ou une frange de cordons en fibre de coco parait leur tête ; l'oreille était cachée par deux plaques de bois ovales, d'environ trois pouces de long et peintes en blanc avec de la chaux ; une espèce de hausse-col, fait de petits morceaux d'un bois léger, pareil au liège, et collés ensemble avec de la gomme, distinguait les chefs et tombait sur leur poitrine, orné de fèves écarlates ; ceux qui n'avaient pas cette décoration, portaient, suspendu à un cordon, un coquillage poli, qui représentait une large dent ; des touffes de cheveux entouraient aussi leurs reins, leurs bras, leurs genoux et le bas de leurs jambes ; ces derniers ornements étaient ceux auxquels ils mettaient le plus de prix, quoiqu'ils fussent remplis de vermine : ces cheveux sont probablement ceux de leurs parents morts, ou peut-être des dépouilles ennemies, qu'ils gardent comme des trophées. Le roi du pays portait un manteau d'écorce de mûrier, pareil à l'étoffe de Tahiti ; il avait le diadème, le hausse-col, les pendants d'oreilles et les touffes de cheveux. »

Jusqu'en 1790, le commerce français ne s'était pas intéressé à la traite des pelleteries sur la côte nord-ouest d'Amérique, lorsqu'un capitaine français, Étienne Marchand, ayant amené une maison de Marseille à tenter ce trafic, un navire spécial fut construit, le Solide : il partit en décembre 1790. sous le commandement de Marchand, qui avait pour second Prosper Chanal, dont le journal a permis à Clariet Fleurieu de publier un récit de voyage. Soixante-treize jours après avoir doublé le Cap Hoorn, le Solide était en vue des Iles de Mendoza : dans son récit, Fleurieu écrit : « La langue des habitants de Santa-Christina a la plus grande affinité avec celle des Iles de la Société, ou plutôt c'est la même langue, ce qui prouve que, quoique les deux Archipels soient séparés par un espace de mer de 260 lieues, et qu'il soit présumable que leurs pirogues n'entretiennent pas entre eux une communication habituelle, les peuples qui les habitent doivent avoir une origine commune. Les naturels de Santa-Christina ne peuvent pas articuler notre r ; ils y suppléent par une espèce d'aspiration : aussi au lieu de o-Hiva-roa, ils prononcent o-hiva-hoa. »

De son mouillage dans la Baie Madre de Dios, que Cook avait débaptisée et rebaptisée Resolution Bay,

Marchand aperçut au nord-ouest une terre, qui n'était pas indiquée sur les cartes hydrographiques ; il se dirigea de ce côté et découvrit un nouveau groupe d'îles, qui furent appelées Iles de la Révolution : on était en 1791 : les officiers du Solide donnèrent par acclamation à la première île découverte le nom de Marchand : c'était Nukahiva : « Les naturels de l'Ile Marchand, dit Fleurieu, sont de la même couleur que ceux des Iles de Mendoza, et tout indique qu'ils sont de la même origine. »

Le capitaine Fanning, qui commandait un navire marchand américain, mouilla aux Iles Marquises en 1798 ; Nukahiva reçut la visite du navigateur russe Krusenstern en 1804 ; le commodore américain Porter tenta en 1813 de créer, pour le compte des États-Unis, un établissement dans la Baie de Taiohae.

Les Iles de Hoorn (1616)

Les lettres-patentes accordées par les États-Généraux de Hollande à la Compagnie des Indes Orientales avaient accordé à cette société le monopole du commerce avec les Indes, mais les sujets des Provinces-Unies avaient défense, au commencement du XVIIe siècle, d'aller aux Indes, soit en doublant le Cap de Bonne-Espérance, soit en passant par le Détroit de Magellan.

Un riche négociant d'Egmont, Isaac Le Maire, dont la famille, d'origine française, avait été obligée d'émigrer à la suite des guerres de religion, se tenait à l'écart de la Compagnie Hollandaise et négociait pour son compte. Conseillé par Willem Cornelis Schouten, un marin de grande expérience, qui avait fait trois voyages aux Indes Orientales, il songea à pénétrer dans la Mer du Sud par un chemin autre que celui de Magellan : un vaisseau de 360 tonneaux fut armé à Hoorn : Schouten en eut le commandement et reçut pour adjoint Jacques Le Maire, fils d'Isaac. Il mit à la voile, du Texel, le 14 juin 1615 ; l'expédition se dirigea vers la pointe la plus méridionale de la Terre de Feu ; elle découvrit un canal plus facile que celui de Magellan, qu'elle mit moins de 24 heures à parcourir et auquel elle donna le nom de Détroit de Le Maire ; l'ayant franchi, elle se trouva dans la Mer du Sud.

Le 10 avril 1616, les navigateurs allaient atteindre la zone des Tuamotu : ils découvrirent une terre : « C'était une île basse et de peu d'étendue ; on y trouva beaucoup de poissons, des serpents de mer, des mouettes, des chiens semblables à ceux d'Europe, mais qui n'aboient point, du cresson amer et piquant, qui fut d'un grand soulagement aux malades attaqués du scorbut ; mais on n'y rencontra pas d'eau douce ; la mer inonde l'île au milieu ; il y avait d'un côté une bordure d'arbres verts alignés comme au long d'une digue, faisant un bel aspect. » Quatre jours après, on voyait une autre île, spacieuse, mais basse, dont les habitants étaient grands, forts, bien bâtis, ayant le nez écrasé et les oreilles percées : dès qu'on leur donnait des clous, ils se les mettaient en pendants d'oreilles : « Ils étaient peints du haut jusqu'en bas de diverses figures, comme de serpents, de dragons et d'autres choses monstrueuses. » Le 16, à quinze lieues plus loin, une autre île surgit : le milieu en était submergé et tout le tour garni d'arbres :

on lui donna le nom de Waterlandt (Terre d'eau douce), parce qu'on y trouva un peu d'eau; c'est l'île Manihi, l'une des Tuamotu septentrionales.

Le Maire et Schouten continuèrent à voguer vers l'ouest, sous le 15e parallèle, à travers une grosse mer soulevée par les lames du sud. Ils touchèrent une île où ils purent se procurer un millier de cocos, une autre où ils furent assaillis par 45 canots et 23 petits bâtiments à voile portant chacun 25 hommes : « Ces insulaires avaient le corps marqueté de diverses taches faites exprès ; le bout des oreilles fendues pendait jusque sur les épaules. »

Schouten, constatant qu'il ne restait à son bord que peu de vivres et qu'il lui serait impossible, à cause des vents, de retourner à l'est, proposa à son conseil d'aller aux Molukkes : l'avis fut accepté. Le 19 mai 1616, il se trouva en présence de deux îles, qui furent nommées Iles de Hoorn, du nom de la ville du Zuider-Zee patrie de la plupart des hommes de l'équipage: c'est Foutouna. Les indigènes apportèrent des noix de coco, des racines d'uba, des porcs, des pigeons blancs jusqu'aux ailes, le reste du corps noir, avec quelques plumes rougeâtres sous le ventre : on leur donna en échange des clous, des petits couteaux, de la verroterie ; les hommes étaient robustes, ceux qui étaient de la taille moyenne étaient aussi grands que les plus grands des Hollandais ; les chefs portaient des colliers en feuilles vertes de coco ; ils vinrent à bord, ayant en main, en signe de paix, des branches vertes ornées de banderoles blanches ; ils mangeaient le poisson tout cru, tête, entrailles, queue, sans en rien jeter. Les voyageurs virent dans cette île, près du roi, une troupe de jeunes filles nues, qui dansaient en jouant sur un bois creux ; cet instrument primitif rendait quelques sons sur lesquels ils se réglaient pour chanter : « Les Hollandais étaient assez surpris de voir toutes ces choses pratiquées par des sauvages, n'ayant pas encore ouï dire qu'on en eût trouvé qui parussent si civilisés. » Ils ne semaient pas, ne se livraient à aucun ouvrage ; ils recueillaient ce que la terre produisait d'elle-même, c'est-à-dire quelques fruits et quelques racines.

Après s'être quelque temps arrêtés à Ternate, aux Molukkes, Le Maire et Schouten vinrent à Jacatra (aujourd'hui Batavia), dans l'Ile Java, où Jean Cohen, président du Conseil des Indes, leur déclara qu'il les retenait prisonniers et qu'il confisquait leur vaisseau au profit de la Compagnie des Indes : Le Maire fut envoyé en Europe sur un navire de guerre hollandais : il mourut au cours de la traversée, en janvier 1617, près de l'Ile Maurice.

La Nouvelle-Zélande (1642).
Les Tonga (1643)

Au voyage de Le Maire et Schouten succéda l'exploration d'un autre Hollandais, Abel Janszoon Tasman, qui, lui, naviqua de l'ouest à l'est, ayant reçu de Anthony Van Diemen, gouverneur-général de la Compagnie des Indes Orientales, mission de reconnaître l'étendue du continent austral, qui, d'après divers navigateurs et Queiros, entre autres, devait limiter la Mer du Sud et qu'on supposait devoir recéler des quantités considérables de métaux précieux, comme les terres les plus méridionales, comme le

Chili en Amérique et le Pays de Sofala en Afrique.

Tasman partit de Batavia avec deux navires, le 14 août 1642 ; il fit voile vers l'Ile Maurice (plus tard Ile de France), où il relâcha ; il se dirigea de là au sud-est et découvrit la Terre qu'il nomma Van Diemen. Son dessein était de se diriger au nord pour retrouver les Salomon : les vents le menèrent à l'est ; le 13 décembre, il vit une terre élevée et montueuse, qui lui sembla appartenir au continent austral : c'était un cap de la Nouvelle-Zélande ; des indigènes s'avancèrent dans leurs pirogues à la distance d'un jet de pierre : « Ils étaient, dit Tasman dans son journal, d'une couleur entre le brun et le jaune, et avaient les cheveux noirs, à peu près aussi longs et aussi épais que ceux des Japonais, attachés au sommet de la tête avec une plume longue et épaisse au milieu, de la même façon que les Japonais attachent les leurs derrière la tête ; ils avaient le milieu du corps couvert, les uns de nattes, les autres de toile de coton, mais le reste de leur corps était nu. » L'hostilité des indigènes, le mauvais temps et le vent empêchèrent les Hollandais d'atterrir ; le pays leur parut fertile.

Continuant sa route, Tasman atteignit, le 4 janvier 1643, l'extrémité septentrionale de l'Ile du Nord, et, par déférence pour Van Diemen, il donna à cette pointe le nom de sa fille Maria ; arrivé à ce point, il résolut de se porter à l'est, puis au nord, dans la direction des Iles Salomon ; le 19 janvier, il découvrit une île élevée, escarpée et stérile, dont les vents ne lui permirent pas d'approcher ; il la nomma Pylstaart ou Ile des Plongeons, à cause du grand nombre de ces oiseaux qu'il y vit ; cette île porte encore ce nom ; elle est située au sud du Groupe des Tonga.

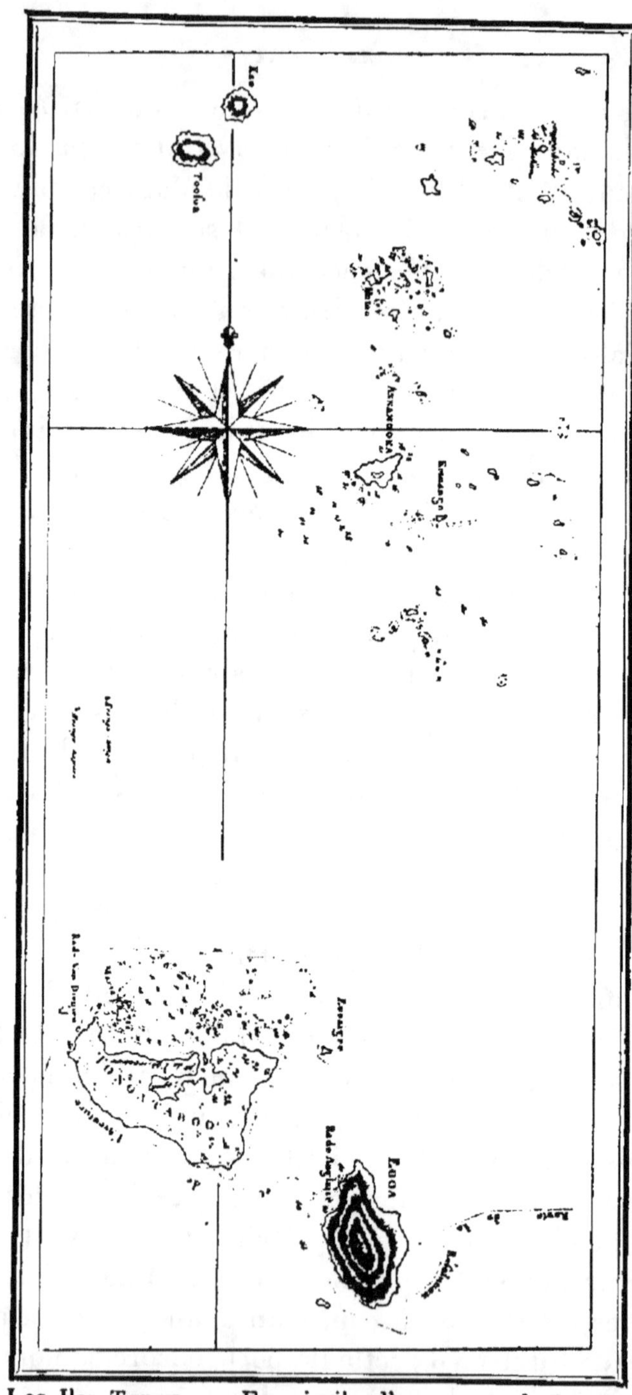

Les Iles Tonga. — Fac-simile d'une carte de Bonne, datée de 1788.

Le lendemain, il découvrit deux autres îles ; il nomma l'une Amsterdam (qui est Tonga-tabu), l'autre Rotterdam, ou Middelburg (c'est Eua). « Les insulaires de Rotterdam sont doux et n'ont pas d'armes, mais ils sont grands voleurs ; nous allâmes d'un bout à l'autre de cette île et y vîmes quantité de cocotiers plantés fort régulièrement les uns auprès des autres et de très beaux jardins bien ordonnés et garnis de toutes sortes d'arbres fruitiers, tous plantés en droite ligne, ce qui faisait un très bel effet. Sur celle d'Amsterdam, nous trouvâmes quantité de cochons, de poules, et toutes sortes de fruits. »

Ces îles ne furent plus abordées pendant plus d'un siècle ; lorsque Cook toucha à Tonga-tabu, en 1773, on lui parla de la visite de Tasman et on lui montra un clou provenant des vaisseaux vus en 1643. Cook établit ce parallèle entre les Tongans et les Tahitiens : « Nous reconnaissons, en examinant ce beau pays, que ses habitants sont plus actifs et plus industrieux que ceux de Tahiti ; leurs arts, leurs manufactures et leur musique sont plus perfectionnés que dans les Iles de la Société, mais les Tahitiens ont plus d'opulence et de luxe, des habitations plus spacieuses et plus commodes. » L'accueil amical fait à Tasman, puis à Cook par les habitants des Iles d'Amsterdam et Middelburg leur fit mériter le nom d'Iles des Amis.

« Les insulaires, dit Cook, ont les traits réguliers ; ils sont vifs, gais et animés ; je n'ai rencontré nulle part de femmes d'une gaieté plus franche. Leurs cheveux sont communément noirs et surtout ceux des femmes, et ils font usage d'une poudre qui les teint en blanc, en rouge ou en bleu ; les deux sexes les

Iles Tonga. — *Pomee* ou *Poula*, danse de nuit des hommes.

portent courts, et la plupart les relèvent avec un peigne ; les hommes coupent leur barbe avec deux coquilles ; ils sont tatoués depuis le milieu de la cuisse jusqu'au-dessus des hanches ; les femmes ne le sont que sur les bras et sur les doigts, très légèrement d'ailleurs ; le vêtement des deux sexes est une pièce d'étoffe ou une natte qui entoure la ceinture et retombe au-dessus du genou ; ils ne se couvrent pas la partie supérieure du corps. Leur manière de saluer est, comme à la Nouvelle-Zélande, de faire toucher leur nez à celui de la personne qu'ils abordent. Ils ont, pour remercier, un usage qui n'est pas moins singulier, c'est d'élever au-dessus de leur tête ce qu'ils viennent de recevoir. La coutume de se mutiler les mains à la mort de leurs parents et de leurs amis est commune à tous les rangs, à tous les âges et à tous les sexes. La différence d'idiome entre les Iles de la Société et celles des Amis n'est pas plus grande que celle qu'on remarque en Angleterre entre deux provinces situées sur des lieux opposés. Ils possèdent des massues de toutes les formes, et la plupart si pesantes que nous ne pouvions les soulever d'une main ; la plupart sont ciselées et sculptées et présentent un travail qui a dû exiger une patience extraordinaire ; leurs lances sont aussi très soigneusement façonnées... Il est certain qu'ils ont l'usage barbare des sacrifices humains. »

Le 6 février 1643, Tasman vit une vingtaine d'îles, toutes entourées de sable, de bas-fonds, de bancs et de rochers : il entrait dans la partie orientale des Iles Fiji ; bien pourvu de vivres, il ne s'y arrêta pas. Après deux mois de voyage, il rentra à Batavia. L'année suivante, il fit un second voyage, au cours duquel il explora les côtes de la Nouvelle-Hollande (l'Australie). Pour perpétuer le souvenir des découvertes faites, à ce moment, dans l'hémisphère austral, la Compagnie hollandaise des Indes Orientales en fit graver la carte sur le pavé de la nouvelle Maison-de-Ville d'Amsterdam.

Revenons vers la Nouvelle-Zélande. Au cours de son premier voyage, en 1769, Cook en fit le tour ; il reconnut qu'elle est composée de deux grandes îles séparées l'une de l'autre par un détroit de quatre ou cinq lieues de largeur. Il écrit : « Les chiens et les rats sont les seuls quadrupèdes que nous ayons vus dans le pays : les chiens sont élevés pour servir de nourriture aux hommes. Les Zélandais sont, en général, d'une taille égale à celle des Européens les plus grands ; ils ont les membres forts, charnus et bien proportionnés, mais ils ne sont pas aussi gras que les oisifs et voluptueux insulaires des mers du sud ; ils sont extraordinairement alertes, vigoureux et adroits. Leur teint, en général, est d'un brun moins foncé que celui d'un Espagnol qui a été exposé au soleil. L'habillement ferait peu distinguer les femmes, mais leur voix est d'une douceur remarquable et elles sont très enjouées. Les deux sexes ont de beaux traits ; leurs dents sont très régulières et aussi blanches que l'ivoire. Leur principale nourriture est le poisson, dont ils ne peuvent se procurer une quantité suffisante que dans un certain temps, ce qui pourrait bien être une des causes de leurs guerres continuelles. Les deux sexes se percent les oreilles et en élargissent les trous, de manière qu'on y puisse faire entrer au moins un doigt ; ils passent dans ce trou des ornements de différentes espèces, de l'étoffe, des plumes, des os de grands oiseaux et quelquefois un petit morceau de bois ; ils y plaçaient ordinairement les clous que nous leur donnions et tout ce qu'ils pouvaient y porter ; quelques femmes y mettent le duvet de l'albatros, qui est aussi blanc que la neige, et qui, étant relevé par devant et par derrière le trou, en une touffe presque aussi grosse que le poing, forme un coup d'œil très singulier, sans être pourtant désagréable ; ils suspendent à leurs oreilles des ciseaux, des ongles et des dents de leurs parents défunts, des dents de chien.

« Comme ils n'ont pas de métaux, leurs haches sont faites d'une pierre noire et dure ou d'un talc vert et compact, qui ne casse pas ; leurs ciseaux sont formés avec des ossements humains ou des morceaux de jaspe, qu'ils coupent dans un bloc en petites parties angulaires et pointues ressemblant à nos pierres à fusil. Ils ont des lances, des dards, des haches de bataille et leur *patu-patu*. Ces peuples n'ont ni fronde, ni arc. »

En ce qui concerne l'origine : « On remarque entre les Zélandais et les habitants de la Mer du Sud, relativement à leurs usages, leurs opinions, leurs pirogues, leurs filets, leurs meubles, leurs outils et leur habillement, des ressemblances, qui me portent à croire que tous ces insulaires ont la même origine et que leurs ancêtres communs étaient natifs de la même contrée. Chacun de ces peuples croit, par tradition, que ses pères vinrent, il y a très longtemps, d'un autre pays, et ils pensent tous, d'après cette même tradition, que le pays s'appelait Hawaiki ; la conformité des langues paraît devoir établir ce fait d'une manière incontestable. »

Dans le récit de son second voyage autour du monde,

Cook décrit à nouveau les insulaires de la Nouvelle-Zélande et parle de leurs visages tatoués de lignes courbes et de spirales.

Au cours de son troisième voyage, les sculptures attirent son attention : « Leur chef-d'œuvre est la sculpture que l'on remarque sur les plus petites choses : la proue de leurs canots surtout en est ornée d'une manière qui montre autant de goût que de travail et de patience ; leur scie est faite d'un bois convexe, très bien sculpté, auquel sont fixées des dents de poisson » ; ils se servent de cette scie pour dépecer les ennemis qu'ils tuent ou blessent dans les combats et qu'ils doivent faire rôtir pour les manger.

King, qui, après la mort de Cook, continua le journal de la Résolution, ajoute : « De toutes les Iles de la Mer Pacifique, il n'y a guère que la Nouvelle-Zélande où nous puissions affirmer positivement que l'on mange de la chair humaine ; il est cependant probable que cet usage fut originairement répandu sur toutes ces terres ; les sacrifices humains, qui sont évidemment une suite de cette barbare coutume, y sont encore universels, et, si ces horribles festins n'ont plus lieu que dans la Nouvelle-Zélande, c'est que les autres

Tatouage des Maori de Nouvelle-Zélande.

peuplades se sont établies sous des climats plus doux
et habitent des terres plus fertiles. »

Ile de Pâques (1721)

Un Hollandais, Jacob Roggeween, conseiller à la
Cour de Justice, à Batavia, ayant présenté à la Compagnie des Indes Orientales un rapport sur la découverte des terres australes, une petite flotte de trois
vaisseaux, dont il reçut le commandement, fut équipée
pour aller reconnaître ces terres, les Iles d'Or. La
flotte partit du Texel en juillet 1721 : elle traversa
l'Atlantique, vit les Iles Malouines qui, quelques
années auparavant, avaient été découvertes par des
navigateurs de Saint-Malo, passa le Détroit de Le
Maire, longea les côtes du Chili et, le 6 avril 1722,
jour de Pâques, rencontra une terre, qui fut nommée
Paaschen, c'est-à-dire Ile de Pâques ; elle avait peut-
être été entrevue par le capitaine anglais Davis,
en 1686, mais il n'avait pas déterminé la position de
la terre qu'il avait aperçue et il n'avait pu y aborder.
Un Allemand de Mecklemburg, sergent-major des
troupes embarquées sur la flotte hollandaise, a écrit
en langue française un récit du voyage de Roggeween ;
on y lit : « Il y a des insulaires dont le teint est rougeâtre, comme s'ils étaient brûlés du soleil ; les
oreilles leur pendaient jusqu'aux épaules, et quelques-
uns y portaient deux boules blanches, comme une
marque de grand ornement ; ils ont le corps peint de
toutes sortes de figures d'oiseaux et d'autres animaux
les uns plus beaux que les autres ; leurs femmes sont

en général fardées d'un rouge très vif et qui surpasse
de beaucoup celui que nous connaissons; nous
n'avons pu découvrir de quoi ces insulaires composent
une couleur si belle ; elles se couvrent de couvertures
rouges et blanches, et portent un petit chapeau fait
de roseaux ou de paille. »

Les vivres abondaient : « … Ils nous rapportèrent
peu après encore cinq cents poules toutes en vie ; ces
poules ressemblent à celles de l'Europe ; ils les avaient
accompagnées de racines rouges et blanches et d'une
quantité de pommes de terre, dont le goût est à peu
près comme celui du pain, aussi ces insulaires s'en
servent-ils à la place ; on nous donna aussi quelques
centaines de cannes à sucre, outre beaucoup de pisans
ou figues des Indes. Nous ne vîmes dans cette île
d'autres animaux que des oiseaux de toutes sortes,
mais il se peut qu'au cœur du pays il y en ait d'autres,
puisque les habitants paraissaient avoir déjà vu des
pourceaux, lorsqu'ils virent ceux que nous avions
dans nos vaisseaux. Pour ce qui est de leur entretien
et de leur subsistance, il est certain qu'ils la tirent entièrement du produit de la terre ; tout y était planté,
semé et labouré ; les arpents étaient séparés les uns
des autres avec beaucoup d'exactitude et les limites
tirées au cordeau ; dans le temps que nous y fûmes,
presque tous les fruits et les plantes étaient dans leur
maturité ; les champs et les arbres en étaient chargés
abondamment... Pour apprêter leurs mets, ils se
servent comme nous de pots de terre. »

Les Hollandais virent les statues : « Ces statues
étaient toutes de pierre, de la figure d'hommes avec
de grandes oreilles ; la tête était ornée d'une couronne,
le tout fait et proportionné selon les règles de l'art,

ce qui nous étonna beaucoup ; autour de ces idoles, de 20 à 30 pas à la ronde, il y avait un parquet fait de pierres blanches ; certains des habitants servaient les idoles plus fréquemment et avec plus de dévotion et de zèle, ce qui nous fit croire que c'étaient des prêtres, d'autant plus qu'on voyait sur eux des marques distinctives ; non seulement de grosses boules pendaient à leurs oreilles, mais ils avaient aussi la tête toute rasée ; ils portaient un bonnet fait de plumes blanches et noires, qui ressemblent parfaitement à celles de cigogne. »

Un vent d'ouest fort violent s'étant élevé, la flotte hollandaise fut obligée de gagner la haute mer.

Au cours de son deuxième voyage, Cook visita l'Ile de Pâques. Son récit diffère du précédent : d'après lui, le bois à brûler et l'eau douce manquent entièrement, les patates et la canne à sucre n'y croissent qu'à force de culture ; dans toute une excursion, les Anglais n'y virent que deux ou trois arbrisseaux ; pas d'animaux domestiques ; pas d'ustensiles de pêche ; les naturels mangeaient surtout des rats.

Cook se demande quel peuple a construit les Moai et les Pakaopa : « Ces magnifiques ouvrages viennent des siècles reculés ; il est très probable que les insulaires sont les tristes restes d'une nation riche et industrieuse, qui sut élever des monuments durables à la mémoire de ses princes ; un volcan l'aura détruite en bouleversant toute l'île ; on ne peut concevoir comment ces Indiens, qui n'ont aucune connaissance en mécanique, ont pu élever des masses aussi étonnantes et ensuite placer au-dessus de grosses pierres cylindriques. Les plates-formes sont probablement des cimetières destinés à certaines familles : quelques-uns de nos gens ont vu un cadavre qu'on venait d'y enfouir ; la main-d'œuvre de ces ouvrages n'est pas inférieure à celle du plus bel édifice que nous ayons en Angleterre. »

L'Ile de Pâques fut revue par La Pérouse en 1776, Kotzebue en 1816, Beechey, en 1826 ; la Topaze y aborda en 1868, l'O'Higgins en 1870, la Flore en 1872, le Seignelay en 1877.

Les Iles Gilbert (1765). — Tahiti (1767)

Le roi d'Angleterre Georges III forma, peu de temps après son avènement au trône, le projet d'envoyer reconnaître s'il existait entre le Cap de Bonne-Espérance et le détroit de Magellan des terres situées sous des latitudes favorables au commerce : le Dauphin et la Tamar, placés sous les ordres du commodore Byron, mirent à la voile de la rade des Dunes, en 1764 ; les deux bâtiments anglais coupèrent l'Atlantique, visitèrent les Iles Malouines, où Bougainville avait été chargé de fonder une colonie nouvelle, traversèrent le Détroit de Magellan, entrèrent dans la Mer du Sud, passèrent au nord des Iles Tuamotu en rasant les Iles du Désappointement (Rapuka), découvrirent les Iles du Danger, l'Ile du Duc d'York (ou Ootafu) et atteignirent le Groupe des Gilbert ; le 2 juillet, Byron aperçoit une île d'un aspect enchanteur, basse, unie, couverte d'arbres ; elle était peuplée d'indigènes au teint clair quoique un peu bronzé ; plusieurs insulaires avaient des oreilles leur tombant sur les épaules : l'île fut appelée Byron (c'est Nukunau). Des Gilbert, l'expédition gagna les Carolines, relâcha à Tinian, dans les Mariannes, passa par Batavia et rentra en Angleterre en mai 1766.

Pour compléter les découvertes de Byron, le capitaine Samuel Wallis fut nommé par son gouvernement au commandement du Dolphin que devait accompagner le sloop le Swallow, à bord duquel était Carteret, un des officiers qui avaient navigué avec Byron.

Wallis quitta la rade de Plymouth en août 1766 ; il entra en décembre dans le Détroit de Magellan ; il en sortait quatre mois après, lorsqu'un coup de vent sépara le Swallow du Dolphin, qui seul continua à faire voile vers l'ouest. Il rencontra au début de juin diverses îles basses, et le 17 juin 1767, à la pointe du jour, du Dolphin fut entrevue une terre très haute, qu'un brouillard épais déroba aussitôt: c'était Tahiti.

Écoutons le récit de Wallis : « Le pays, le long de la côte, présente le coup d'œil le plus agréable et le plus pittoresque qu'on puisse imaginer. Près de la mer il est plat et couvert d'arbres à fruits de différentes espèces, particulièrement de cocotiers ; entre ces arbres se voient les maisons des Indiens, qui consistent en un seul rez-de-chaussée et qui, dans l'éloignement, ressemblent à de longues granges. A la distance d'environ trois milles de la côte, l'intérieur du pays s'élève en petites collines couronnées de bois, et terminées par autant de hauteurs d'où de grandes rivières descendent jusqu'à la mer.

« Les insulaires sont grands, bien faits, agiles, dispos, d'une figure agréable ; la taille des hommes est en général de 5 pieds 7 pouces à 5 pieds 10 pouces (1 m. 70 à 1 m. 77 c.), il y en a peu qui soient plus petits ou d'une taille plus haute ; celle des femmes est de 5 pieds 6 pouces (1 m. 67) ; le teint des hommes est basané ; ceux qui vont en mer l'ont beaucoup plus bronzé que ceux qui vivent toujours à terre ; leurs

Tahitien portant des *fei* et des *uro* (ou *maiore*).

cheveux sont ordinairement noirs, mais quelquefois bruns, rouges ou blonds, ce qui est digne de remarque, parce que les cheveux de tous les naturels d'Asie, d'Afrique et d'Amérique sont noirs sans exception ; ils les nouent en une seule touffe sur le milieu de la tête ou en deux parties, dont une de chaque côté ; d'autres pourtant les laissent flottants ; les enfants des deux sexes les ont ordinairement blonds.

« Toutes les femmes sont jolies et quelques-unes d'une très grande beauté.

« L'habillement des deux sexes est agréable et sied bien à l'un et à l'autre ; il est fait d'une espèce d'étoffe blanche que leur fournit l'écorce d'un arbuste, qui ressemble au gros papier de la Chine ; deux pièces de cette étoffe forment leur vêtement ; l'un, qui a un trou au milieu pour y passer la tête, prend depuis les épaules jusqu'à mi-jambe devant et derrière ; l'autre a quatre ou cinq verges de long et à peu près une de large ; ils l'enveloppent autour de leur corps sans la serrer ; cette étoffe n'est pas tissée ; elle est fabriquée comme le papier avec les fibres ligneuses d'une écorce intérieure, qui, ayant été mises en macération, ont ensuite été étendues et battues les unes sur les autres. Les plumes, les fleurs, les coquillages et les perles font partie de leurs ornements et de leur parure : ce sont les femmes surtout qui portent les perles.

« C'est dans cette île un usage universel parmi les hommes et parmi les femmes de se peindre les fesses et le derrière des cuisses avec des lignes noires très serrées, qui représentent différentes figures ; ils se piquent la peau avec la dent d'un instrument assez ressemblant à un peigne, et ils mettent dans leurs trous une espèce de pâte composée d'huile et de suie, qui laisse une tache ineffaçable. Nous vîmes quelques hommes dont les jambes étaient peintes en échiquier, et à tous de la même façon ; il nous parut qu'ils avaient un rang distingué et une autorité sur les autres insulaires.

« Les o-Tahitiens se nourrissent de cochons, de volailles, de chiens, de poissons, de fruits à pain, de bananes, d'ignames, de pommes et d'un autre fruit aigre, qui n'est pas bon en lui-même, mais qui donne un goût fort agréable au fruit à pain grillé, avec lequel ils le mangent souvent. Il y a dans l'île beaucoup de rats. Les rivières produisent de belles écrevisses.

« Ils n'ont point de vase en poterie qui aille au feu, et ils n'ont aucune idée de l'eau chaude et de ses effets, toutes leurs nourritures étant cuites au four ou rôties. Il nous parut que l'eau est leur seule boisson et qu'ils ignorent heureusement l'art de faire fermenter le suc des végétaux pour en tirer une liqueur enivrante ; il y a dans l'île des cannes à sucre, mais, à ce qu'il nous sembla, ils n'en font d'autre usage que de les mâcher et cela ne leur arrive pas même habituellement ; ils en rompent seulement un morceau lorsqu'ils passent par hasard dans les lieux où croît cette plante. »

Wallis fit planter diverses graines de plantes potagères, des noyaux de pêches, de cerises, de prunes, des graines de citrons, d'oranges, de limons.

Quelques traces de sculptures furent relevées : « Outre leurs maisons, nous vîmes des hangars fermés et, sur les poteaux qui soutiennent ces édifices, plusieurs figures grossièrement sculptées d'hommes, de femmes, de chiens et de cochons. »

Tahiti fut revue en cette même année, 1768, par Bougainville, un avocat au Parlement de Paris, qui, après s'être distingué dans la défense du Canada jusqu'à la mort du marquis de Montcalm, après avoir tenté de créer aux Iles Malouines un établissement colonial pour le compte des commerçants de Saint-Malo, avait reçu le commandement de la frégate la Boudeuse qu'accompagnait la flûte l'Étoile, et avait entrepris un voyage autour du monde. Il entra dans la Mer du Sud par le Détroit de Magellan, rencontra sur sa route les Iles Tuamotu et aborda Tahiti en avril.

Son récit est intéressant : « Tandis qu'en Europe les femmes se peignent en rouge les joues, celles de Tahiti se peignent d'un bleu foncé les reins et les fesses : c'est une parure et en même temps une marque de distinction ; les hommes sont soumis à la même mode. Un autre usage de Tahiti commun aux hommes et aux femmes, c'est de se percer les oreilles et d'y porter des perles ou des fleurs de toute espèce. La plus grande propreté embellit encore ce peuple aimable : ils se baignent sans cesse et jamais ils ne mangent ni ne boivent sans se laver avant ou après. »

Pendant que Bougainville admirait l'île, les indigènes, plus perspicaces que le commandant de la Boudeuse et ses officiers, découvraient une femme blanche à son bord ; elle s'était embarquée sous des habits d'homme, comme valet au service du naturaliste Commerson : c'était une orpheline de Bourgogne, de 26 ou 27 ans, « ni laide, ni jolie ».

La Boudeuse laissa quelques graines dans l'île, comme avait fait le Dolphin : du blé, de l'orge, de l'avoine, du riz, du maïs, des oignons furent semés.

Le gouvernement anglais, qui avait envoyé Byron, Wallis et Carteret dans la Mer du Sud, dans un but surtout scientifique, songea en 1768 à envoyer une mission dans les îles du Grand Océan pour y étudier le passage de Vénus sur le disque du Soleil : le lieutenant de vaisseau Jacques Cook, qui avait déjà en 1766 étudié une éclipse de soleil et calculé une longitude d'après cette éclipse, fut désigné pour diriger l'étude de 1769 ; l'Endeavour, qui avait été construit pour le transport du charbon de terre, fut affecté à cette expédition ; il descendit la Tamise, mouilla à Plymouth et mit à la voile dès que le vent fut favorable. Il entra dans la Mer du Sud par le Détroit de Le Maire ; il traversa les Tuamotu, où il vit les

Statue du captain Cook, dans Hyde Park, à Sydney.

îles découvertes l'année précédente par Bougainville et atteignit Tahiti en avril 1769.

Feuilletons son récit : « Leur teint naturel est olive ; leur peau délicate est douce et polie ; ils n'ont point sur les joues ces teintes que nous appelons des couleurs ; la forme de leur visage est agréable ; leurs yeux et surtout ceux des femmes sont expressifs ou pleins de feu ou remplis d'une douce sensibilité ; leurs dents sont presque sans exception très agréables et très blanches, et leur haleine est parfaitement pure ;

leurs cheveux sont ordinairement noirs et un peu rudes. »

Il parle de leurs vêtements, de leurs habitations, de leur nourriture : « Il est très surprenant que ce peuple, qui aime passionnément la société, et surtout celle des femmes, s'en interdise les plaisirs dans les repas : chacun a son panier et mange seul; ils disent que cela est plus convenable; ils témoignent même une sorte de répugnance à nous voir manger en société et surtout avec des femmes. »

Cook donne ensuite des renseignements du plus haut intérêt sur les usages et les idées des Tahitiens : « Ils n'enterrent jamais leurs morts; ils les exposent sur une espèce de châssis et ils ont soin de mettre des aliments auprès d'eux. Les o-Tahitiens croient que l'âme sortie du corps erre autour du tombeau et voit les actions des vivants. » Ce sont les idées malgaches et les idées égyptiennes.

« Les o-Tahitiens n'ont ni monnaie, ni aucun signe fictif qui lui ressemble; il n'y a pas chez eux de magistrat chargé de la vindicte publique.

« Nous fûmes bientôt frappés à la vue d'un énorme bâtiment qu'on nous dit être le *marae* d'Oamo ou d'Oberea, du district de Papara, et le principal morceau d'architecture qui fût dans l'île. C'était une fabrique de pierre, élevée en pyramide sur une base quadrangulaire de 267 pieds (81 m. 37 c.) de long, et de 87 pieds (26 m. 51 c.) de large; nous fûmes étonnés qu'on eût pu construire une pareille masse sans outils de fer pour tailler les pierres et sans mortier pour les joindre. La structure en était aussi compacte et aussi solide qu'auraient pu la faire nos maçons d'Europe; ils n'avaient pu tailler les pierres, le rocher et le corail qu'avec des instruments de même matière, ce qui est un ouvrage d'un travail inconcevable. Il y avait au milieu du sommet de la masse une figure d'oiseau sculptée en bois, et près de celle-ci une autre figure brisée de poisson sculptée en pierre. Toute cette pyramide faisait partie d'une place spacieuse presque carrée, dont les grands côtés avaient 360 pieds de long et les deux autres 354 (108 mètres). La place était environnée de murailles et pavée de pierres plates dans toute son étendue; il y croissait, malgré le pavé, plusieurs des arbres qu'ils appellent etoa et des planes. »

Dès que Cook eut ramené en Angleterre l'Endeavour, l'Amirauté résolut d'armer deux bâtiments pour achever les découvertes dans l'hémisphère austral : Cook fut nommé au commandement de la Résolution, et Tobias Furneaux, qui avait été second lieutenant du capitaine Wallis, fut placé sur l'Aventure ; aux officiers furent adjoints quelques savants, notamment, pour l'Histoire naturelle, Reinhold Forster et son fils : l'expédition partit de Depfort en avril 1772 et quitta la rade de Plymouth en juillet ; en octobre, elle toucha le Cap : depuis 1650, ce pays appartenait aux Hollandais, qui avaient su en faire une colonie florissante : « Ici, écrit l'Anglais Cook, partout le tableau d'une industrie active et d'une excellente culture, une ville propre et bien bâtie, des rues larges et régulières, des maisons élevées, spacieuses et bien aérées. » Un pays aussi riche ne devait pas tarder à tenter les convoitises britanniques.

Après être passé par le Canal de la Reine-Charlotte, Cook cingla à l'est entre le 50° et le 40° degré de latitude sud, à la recherche du Continent austral ; il décrivit une boucle par les Tuamotu, et, fin avril, aperçut un soir, au milieu des nuages que doraient les rayons du soleil couchant, les montagnes de la « Terre chérie ».

« L'aube du jour présenta enfin à nos yeux cette côte délicieuse : Tahiti s'offrait à nos regards. La terre exhalait un doux parfum, qu'un souffle léger nous apportait, en ridant la surface des eaux. Nous apercevions les montagnes couvertes de forêts élevant leurs têtes majestueuses. Près de nous se voyait une chaîne de collines d'une pente douce et boisée comme les montagnes, que terminait une plaine couverte d'arbres à pain et de palmiers. Tout dormait encore : une paisible obscurité enveloppait ce paysage. Les insulaires, qui se levaient, animèrent peu à peu cette scène charmante... »

Pendant son séjour dans l'Ile, le commandant de la Résolution assista à un sacrifice humain : « Le cadavre, ou la victime, était sur la rive, en face du grand *marae* d'Atahuru, dans un petit canal que les vagues baignaient encore. Les cérémonies commencèrent alors. Un des acolytes des prêtres apporta un jeune bananier et le posa devant le roi de Tahiti, o-Tu ; un autre s'approcha avec une petite touffe de plumes rouges, entrelacées aux fibres de la coquille d'un coco ; il en toucha les pieds du roi, puis se retira vers ses compagnons. L'un des prêtres, assis dans le *marae* en face du canot, commença aussitôt une longue prière, et, de temps en temps, il envoyait des branches de jeunes bananiers qu'on posait sur la victime. Pendant ce temps, un homme, debout à côté du prêtre, tenait dans ses mains deux paquets, qui semblaient des étoffes : nous apprîmes ensuite que sous l'un était

Un *Marae*, propriété religieuse d'une famille royale polynésienne.

le *maro* du roi, et que l'autre était, si l'on peut parler ainsi, l'arche de l'*Atua* [1]. Dès que la prière fut achevée, les prêtres du *marae*, accompagnés de toute leur suite, et portant avec eux les deux paquets, allèrent joindre ceux qui étaient près du canot. Ils commencèrent les prières, et, pendant ce temps, l'on ôtait l'un après l'autre les bananiers que l'on avait mis sur le cadavre : il était en partie enveloppé de feuilles de cocotiers et de petites branches. On le sortit du canot : lorsqu'il fut déposé sur la rive, les pieds tournés vers la mer, on le découvrit et l'un des prêtres prononça une longue prière, pendant laquelle on arracha à la victime quelques cheveux et l'œil gauche, que l'on présenta ensuite au roi, enveloppés dans une feuille verte. Le roi n'y toucha point : mais il donna, à celui qui le lui offrait, une touffe de plumes rouges. Le tout fut reporté aux prêtres. Bientôt après, o-Tu leur envoya une autre touffe de plumes rouges, qu'il m'avait prié le matin de mettre dans ma poche. Pendant cette dernière partie de la cérémonie, on entendit un martin-pêcheur, qui voltigeait dans les arbres : O-Tu, se tournant vers moi, me dit : « C'est l'*Atua*, » et il parut tout joyeux d'un si bon présage.

« Le corps fut transporté à quelque distance et déposé sous un arbre près de trois morceaux de bois larges et minces, différemment mais grossièrement sculptés. Les deux paquets furent mis dans le *marae* et les touffes de plumes rouges aux pieds du mort. Les prêtres l'entourèrent de nouveau et l'on nous permit d'approcher autant qu'il nous plut. Le grand-

---

[1] Le mot *Atua* de Nouvelle-Zélande, de Samoa, de Tahiti, devient régulièrement *Akua* aux Iles Hawaii ; il est usité jusqu'à Madagascar où il a pris le sens de chants en l'honneur des dieux.

prêtre alors prononça un discours long et animé, qu'il adressait à la victime ; il lui faisait des questions, et lui demandait si l'on n'avait pas eu raison de l'immoler ; ensuite il lui adressait des prières, comme si le mort avait eu auprès de la divinité le crédit d'obtenir tout ce qu'on sollicitait de lui. Il le conjurait surtout de leur faire livrer l'Ile d'Emeo, contre laquelle ils allaient faire une expédition, le chef, les femmes, les cochons et toutes les richesses de l'Ile : c'était là l'objet du sacrifice.

« Après une nouvelle prière chantée d'un ton plaintif, le lieu de la scène changea. Le corps fut alors porté dans l'endroit le plus visible du *marae*, avec les plumes et les deux paquets ; les tambours battaient lentement ; les plumes et les paquets furent placés sur les murs du *marae* et l'on posa la victime au-dessous. Les prêtres l'entourèrent de nouveau, en recommençant les prières pendant que leurs acolytes creusaient une fosse de deux pieds de profondeur ; on y jeta le cadavre et on le recouvrit de terre et de pierres. Tandis qu'on le mettait dans la fosse, un enfant poussa des cris : on me dit que c'était pour appeler l'*Atua*.

« Pendant ce temps, on avait préparé un feu : on amena un chien et on l'étouffa en lui tordant le cou. On lui brûla les poils ; on lui arracha les entrailles et on les jeta dans le feu. Le cœur, le foie et les rognons ne furent que rôtis sur des pierres ardentes ; après avoir barbouillé le reste du corps avec du sang qu'on avait recueilli dans une noix de coco, on le porta devant les prêtres, qui priaient encore autour de la fosse. Ils continuèrent leurs oraisons sur le chien, tandis que deux hommes, par intervalle, frappaient fortement sur deux tambours, et un enfant poussa comme auparavant trois cris perçants ; c'était pour inviter l'*Atua* au festin qu'on lui avait préparé. Quand les prières furent finies, le chien fut placé sur un échafaud de six pieds de haut, où étaient encore les restes de deux autres gros chiens et de deux cochons de lait qu'on avait depuis peu sacrifiés et qui exhalaient une odeur insupportable. La cérémonie se termina par une acclamation.

« Le malheureux qui fut sacrifié en cette occasion, était un homme entre deux âges : c'était un tou-tou [1], c'est-à-dire un homme de la dernière classe du peuple. On ne disait pas qu'il eût commis un crime capital. Il est cependant certain qu'en général, pour ces sacrifices, ils prennent des coupables ou qu'ils choisissent parmi les vagabonds dangereux, espèces d'hommes qui se rencontrent souvent sur ces îles. Le cadavre avait le visage et le derrière de la tête ensanglantés et l'on voyait une large meurtrissure sur la tempe droite, ce qui faisait connaître de quelle manière cet homme avait été tué ; on me dit en effet qu'on l'avait assommé à coups de pierre ; ceux qui sont choisis pour les offrandes de ces affreux sacrifices n'en sont instruits que par le coup qui leur donne la mort.

« Sans doute, on ne sacrifie jamais plus d'un homme à la fois, mais la fréquence de ces offrandes n'en produit pas moins une horrible destruction de la race humaine : nous comptâmes 49 crânes et nous vîmes ajouter le 50e dans ce marae. »

---

[1] Le mot *teuteu* signifie domestique à Tahiti : la hiérarchie sociale comprenait les *arii*, princes, les *raatira*, propriétaires fonciers, et les *manahune*, gens du peuple ; entre les arii et les raatira prenaient rang les *eietoai* à Tahiti et les *tuuhou* aux Iles-sous-le-Vent, issus des alliances entre arii et raatira.

Cook à entendu dire que ces sacrifices donnent au dieu sa nourriture, car, sous une forme invisible, il vient la nuit manger l'âme de la victime.

Iles Sous-le-Vent. — Cook visita, au cours de son premier voyage, en 1769, les Iles Sous-le-Vent, au nord-ouest de Tahiti ; il vit Tetiaroa, petite île basse, et se dirigea sur Huahine, où il fut frappé par la

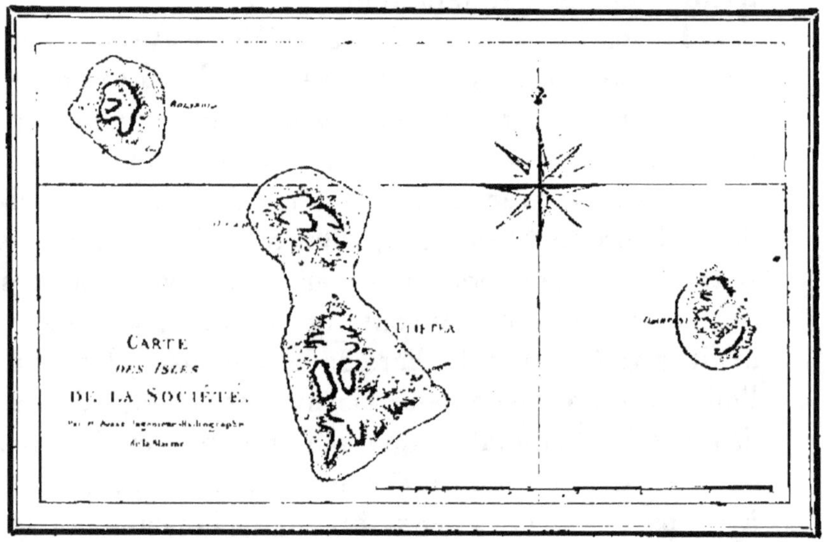

Les Iles Sous-le-Vent. — Fac-simile d'une Carte de Bonne, datée de 1788.

haute stature des indigènes : il en mesura un qui avait 6 pieds 3 pouces et demi (1 m. 91 c.) ; puis il alla mouiller à Ulie-tea, voisine de Tahaa, et quelques jours après à Bolabola (ou Borabora); au moment de quitter ces îles, Cook les appela Iles de la Société.

En 1773, au cours de son deuxième voyage, le voyageur anglais revit Huahine, où il échangea des haches, des clous, des grains de verre contre des cochons, des chèvres, des volailles, des fruits, des racines, des étoffes, puis Ulie-tea « que l'on nomme aussi Raiatea », trois fois plus grande que Huahine. En 1777, Cook traverse l'archipel pour la troisième fois.

Iles Tuamotu. — Le Maire et Schouten reconnurent en 1616 les Iles Puka-Puka et Manihi, qui sont les plus septentrionales des Tuamotu ; ils nommèrent cette zone du Pacifique la Mauvaise Mer, en songeant aux dangers qu'elle présente, et Roggeween, qui l'appela en 1722 le Labyrinthe, vit dans les Iles du Labyrinthe des huîtres perlières « de sorte qu'il y a beaucoup d'apparence qu'on pourrait y établir des pêcheries de perles très avantageuses » ; il découvrit, entre autres îles, Aurora, qui est Makatea « chargée de broussailles et d'arbres, tapissée d'une belle verdure ».

Byron, passant, en 1765, entre la route de Le Maire et celle de Roggeween, décrit les Iles du Désappointement (c'est-à-dire Rapuka et Tetopoto du Nord) : « De grosses lames, écrit le commodore, en défendaient l'accès de toutes parts ; les matelots atteints du scorbut regardaient de dessus les gaillards, où ils s'étaient traînés, cette terre fertile, dont l'entrée leur était interdite. »

Bougainville toucha l'archipel plus au sud en mars 1768 : il aperçut les quatre Facardins ; puis il vit l'Ile des Lanciers (Akiaki), dont les habitants, de couleur bronzée, portaient de fort longues piques ; l'Ile de la Harpe (Hao), espèce de fer à cheval très allongé, dont le milieu est occupé par la mer ; il nomma ces îles basses « en partie noyées » Archipel Dangereux, parce que la navigation y est extrêmement périlleuse, la nuit surtout.

Wallis avait vu en 1767 les quatre Facardins ;
Carteret, lorsque, séparé de Wallis, il traversa le
Pacifique, toucha au sud des Tuamotu une espèce de
grand rocher qui émergeait de la mer : il le nomma
Ile Pitcairn, parce qu'il fut aperçu par le fils de
Pitcairn, major des soldats de marine.

Le sillon de Bougainville fut suivi en 1769 par
Cook, qui vit l'Ile des Oiseaux ou de Saint-Quentin
(Hikueru), l'Ile de la Chaîne (Anaa), et Maitea (probablement Mehetia), et qui, au cours de son second
voyage, entrevit l'Ile des Résolutions (Tauere).
Bellingshausen reconnut, de 1819 à 1829, les îles de
de la partie centrale de l'archipel, notamment la
grande Fakarava.

Ces Iles ont été longtemps appelées Pomotu, de *po*,
conquis, et *motu*, îles ; en 1851, les députés de
l'archipel ont demandé à l'assemblée de Papeete que
l'appellation fût modifiée ; depuis 1852, l'archipel est
officiellement désigné sous le nom de Tuamotu, de
tua, chaîne, et *motu*, île.

Iles de Cook. — Au cours de son deuxième voyage,
en se dirigeant de Tahiti sur la Nouvelle-Zélande,
Cook aperçut, en octobre 1773, quatre îlots réunis
par des brisants, qu'il nomma Iles Hervey, en l'honneur d'un des lords de l'amirauté. Pendant son
troisième voyage, il vit, en 1777, Mangaia, où se
parle un dialecte de la langue de Tahiti, plus guttural
toutefois, comme l'est le neo-zélandais, dont les
habitants ne le cèdent pas en beauté au peuple de
Tahiti ou des Marquises, et qui saluent en appuyant
nez contre nez ; il visita ensuite Atiu, dont les habitants étaient de couleur plus foncée, avaient les oreilles
percées et non fendues, étaient tatoués du genou au

talon, ce qui leur donnait l'air d'avoir des bottes;
puis il revit les Iles Hervey, dont les habitants
n'étaient pas tatoués et avaient l'aspect sauvage des
Neo-Zélandais.

Iles Tubuai. — En se dirigeant des Tonga vers
Tahiti, Cook, dans son troisième voyage, découvrit la
petite île Tubuai, où se parlait la langue de Tahiti.

Iles Gambier. — Ces îles furent visitées en 1797
par le capitaine anglais Wilson, qui leur donna le
nom de Gambier en l'honneur d'un amiral anglais,
protecteur des Missions de Londres : cet archipel est
souvent appelé Mangareva, du nom de son principal
îlot.

Les Iles Hawaii (1778)

Le troisième voyage de Cook fut entrepris en
1776, pour rechercher s'il était possible d'ouvrir une
communication entre l'Océan Atlantique et la Mer
Pacifique par le nord ; Cook devait revenir en Angleterre par les hautes latitudes septentrionales entre
l'Asie et l'Amérique : la Résolution, commandée par
Cook, quitta Plymouth en juillet 1776, bientôt suivie
de la Discovery, dont le capitaine Clarke avait le
commandement. L'expédition mouilla dans la Baie de
la Table, alla reconnaître les Iles Marion et Crozet,
toucha la Terre de Van Diemen, séjourna dans le
Canal de la Reine Charlotte, découvrit quelques-unes
des îles qui furent depuis appelées Iles de Cook,
explora de nouveau l'Archipel des Amis, vit Tubuai,

revit Tahiti, Huahine, Raiatea, Borabora, et mit le cap au nord en décembre 1777 ; il découvrit l'Ile Christmas, puis une partie de l'Archipel Hawaii, qu'il nomma Iles Sandwich, en l'honneur du premier lord de l'Amirauté. En mars 1778, il toucha la côte d'Amérique et se dirigea vers les hautes latitudes en longeant le littoral ; il s'éleva jusqu'à la presqu'île d'Alaska, traversa la chaîne des Iles Aléoutiennes, entra dans le Détroit de Behring, où des bas-fonds l'obligèrent à marcher à l'ouest ; il gagna ainsi l'extrémité orientale de la côte d'Asie ; il fut arrêté par une plaine de glace avant d'avoir pu trouver le passage qu'il cherchait ; il résolut d'hiverner en attendant le retour de la saison favorable et il alla passer l'hiver aux Iles Sandwich ; il reconnut l'île « Mowee », c'est-à-dire Maui, et l'île « Owhyhee », c'est-à-dire Hawaii ; il jeta l'ancre dans la baie de Kealakekua, sur les côtes du district d'Akooa. Les prêtres de l'île placèrent le capitaine anglais au rang de leurs dieux et le divinisèrent sous le nom de Orono ; deux mois après, le 2 février 1779, Cook était tué dans une bagarre ; son corps était dépecé par les indigènes, les chairs étaient brûlées, et les os envoyés comme reliques dans différentes parties de l'île.

Cook avait tenu son journal jusqu'en janvier ; la relation du voyage fut continuée par King. Dans leurs récits, nous lisons : « Les habitants des Iles Sandwich sont évidemment de la même race d'hommes que ceux de la Nouvelle-Zélande, des Iles des Amis, et de la Société, de l'Ile de Pâques et des Marquises : ce fait, quelque extraordinaire qu'il puisse paraître, est prouvé par la similitude des mœurs, des coutumes, par la ressemblance frappante des individus, mais il est surtout mis hors de contestation par l'identité absolue des idiomes.

« La langue des naturels des Iles Sandwich n'est pas simplement un dialecte de celle de Tahiti : c'est l'idiome entier dans toute sa perfection, rien de guttural dans la prononciation comme chez les Zélandais; nul mélange d'inflexions dures et douces, comme aux Iles des Amis : c'est la prononciation tahitienne dans toute sa douceur, c'est le même accent avec les mêmes repos, ils ont conservé jusqu'à la même mesure et la même cadence dans leurs chants.

« Les hommes sont peu inférieurs en force et en activité aux habitants des Iles des Amis ; les femmes n'ont pas les membres aussi délicats que les Tahitiennes ; le teint est un peu plus brun, la figure moins belle ; on trouve cependant des personnes de l'un et de l'autre sexe, dont la physionomie est très agréable ; les femmes particulièrement ont de beaux yeux, de très belles dents, et beaucoup de douceur, de sensibilité dans le regard ; leurs cheveux sont d'une couleur qui tire sur le noir.

« Les carei (*alii*)[1] des Iles Sandwich, comme ceux de toutes les autres contrées de l'Océan Pacifique, se distinguent du bas peuple par une taille plus élevée, des formes plus élégantes et des traits plus réguliers ; leur démarche, leur maintien ont un air de décence et de grandeur. Il est rare de trouver ces avantages dans les classes inférieures.

« Les habitants de ces îles laissent presque tous

---

[1] Conformément aux principes de transformation que nous avons exposés page 101, le mot polynésien *ariki*, prince, devient à Tahiti *arii*, aux Marquises *hak-aiki*, aux Samoa et aux Hawaii *alii*.

croître leur barbe ; on retrouve chez eux la même variété qu'aux autres îles dans la manière de porter les cheveux ; les uns se rasent de chaque côté de la tête jusqu'aux oreilles et conservent une touffe de la

Iles Hawaii. — Un officier en grand costume.

largeur de la moitié de la main qui s'étend depuis le front jusqu'au cou ; cette touffe, lorsque les cheveux sont épais et frisés, ressemble à la crête d'un casque ; d'autres se parent d'une quantité de faux cheveux qu'ils laissent flotter sur leurs épaules, ou se font une

touffe ronde, qu'ils s'attachent au sommet de la tête
et qui est presque aussi grosse que la tête elle-même.
Plusieurs enfin portent cinq ou six touffes séparées ;
ils les enduisent d'une argile grise, à laquelle ils
mêlent des coquilles réduites en poudre; ils la conservent en boule et ils la mâchent pour s'en servir
jusqu'à ce qu'elle devienne une pâte molle ; cette

Casques des chefs à Hawaii.

pommade entretient le lustre de leur chevelure et
quelquefois la rend d'un jaune pâle.

« La coutume de se tatouer les diverses parties du
corps leur est commune avec tous les autres habitants
de la Mer du Sud ; mais on ne trouve des visages
piquetés qu'à la Nouvelle-Zélande et aux Iles Sandwich, ces traits qui, à la Nouvelle-Zélande, forment
des lignes droites, qui se croisent à angle droit ; les
femmes se font encore sur les bras et sur les mains
des piquetures d'un joli dessin ; mais une bizarrerie,
dont nous ne pouvons soupçonner l'objet, c'est
qu'elles se tatouent aussi le bout de la langue. Le
tatouement est quelquefois une marque de deuil. Il
est souvent dans le bas peuple une marque de

vassalité et distingue les esclaves qui appartiennent à différents chefs.

« L'habit des hommes consiste en une seule pièce

Iles Hawaii. — Fabrication des étoffes d'écorce.

d'une étoffe épaisse, d'environ dix ou douze pouces de largeur, qu'ils se passent entre les cuisses et nouent autour des reins ; la natte, habit de guerre, se porte sur les épaules et se noue par devant ; le tissu en est si serré qu'il peut amortir le coup d'une pierre ou d'un trait dont la pointe serait émoussée. Dans les solennités, les chefs revêtent un manteau de plumes et portent un casque. »

Ce peuple avait pour armes des lances d'un bois couleur de noyer et bien poli, aplaties à une extrémité, barbelées de l'autre, des massues de différentes grosseurs, des frondes où le cuir était remplacé par un morceau de natte, des pahooa ou dagues en bois noir, longues de un à deux pieds, dont le manche était traversé d'un cordon que les indigènes portaient au bras.

Ils pratiquaient les sacrifices humains plus largement que dans les autres îles, immolant par exemple dix serfs à la mort d'un chef. Ils s'arrachaient quelques dents du devant pour se rendre les dieux favorables.

Ils fabriquaient des étoffes[1] avec l'écorce du Morus papyrifera et étaient supérieurement habiles dans la teinture.

Les nobles (*alii*) faisaient un usage immodéré d'une préparation fermentée, l'*awa*[2], qui n'était pas sans inconvénient : le corps des buveurs se couvrait d'une gale blanche et devenait d'une excessive maigreur, leurs yeux rougissaient et s'enflammaient, leurs membres étaient agités d'un continuel tremble-

---

[1] Du mot polynésien *tapa* dérivent les mots de Tonga *taba* (bordure blanche de l'étoffe appelée *gatu*), de Samoa *tapa* (garniture d'étoffe), de Tahiti *tape* (fragment d'étoffe), de Hawaii *kapa*.

[2] Conformément aux principes de transformation, le mot polynésien *kawa* devient aux Tonga *kava*, aux Samoa et à Tahiti *ava* (d'où *ava-anani,* eau-de-vie d'orange), aux Marquises *kava*, à Hawaii *awa*.

ment. Cette boisson était peu connue à Tahiti et dans les Iles de la Société, lorsque Cook les visita pour la première fois ; lors de son second voyage, il la trouva d'un usage assez commun à Raiatea, mais fort peu en vogue à Tahiti ; lors de sa troisième expédition, elle produisait dans cette île des ravages si considérables que les Anglais eurent bien de la peine à reconnaître leurs anciens amis ; les chefs des Iles Tonga en buvaient continuellement, mais ils y mettaient assez d'eau pour atténuer ses pernicieux effets.

« Les danses des naturels des Iles Sandwich ont beaucoup de ressemblance avec celles de la Nouvelle-Zélande ; elles sont précédées d'un chant lent et grave, durant lequel les danseurs se joignent avec des mouvements et des attitudes qui ont de la facilité et de la grâce ; quelques minutes après, la mesure de l'air devient graduellement plus vive et, enfin, si prompte et si rapide, que le jeu des acteurs qui la suivent précipitamment, se termine bientôt par l'épuisement et l'entière extinction de leurs forces. »

Des Espagnols, qui se gardèrent de divulguer leur découverte, avaient probablement précédé Cook aux Iles Hawaii ; de nombreux navigateurs le suivirent : La Pérouse et Vancouver entre autres ; l'hydrographie du groupe a été complétée de nos jours par des officiers de la marine française (Duperrey, 1819), de la marine britannique (Malden, 1825 ; Belcher, 1838 ; Hull, 1857), de la marine américaine (Wilkes, 1840).

Les Iles Samoa (1768)

Roggeween, en se dirigeant de l'Ile de Pâques vers la Nouvelle-Guinée, par la route qu'avaient déjà suivie Le Maire, puis Tasman, vit un groupe d'îles qui sont peut-être les Samoa : « Le terroir y est fertile, écrit le narrateur de l'expédition ; il y avait une grande quantité d'arbres, principalement des palmiers, des cocos et du bois de fer... Les insulaires étaient fort adroits, d'une taille médiocre, forts et robustes, vifs et bien faits ; leurs cheveux étaient longs, noirs et luisants, graissés d'huile de coco, ainsi que c'est la coutume de plusieurs nations indiennes ; ils avaient tout le corps peint, comme ceux de l'Ile de Pâques ; les hommes se couvraient le milieu du corps d'un rets qui leur passait entre les jambes, mais les femmes étaient entièrement couvertes d'une étoffe aussi douce au toucher que la soie ; elles portaient aussi en marque d'ornement des nacres de perle autour du corps et des bras ; le chef était distingué des autres insulaires par quelques ornements consistant en nacre de perle, qu'ils portaient autour du corps et des bras. »

Bougainville vit les Samoa en mai 1768 et les appela Iles des Navigateurs. Les habitants lui parurent de stature médiocre ; leur teint était bronzé, il en remarqua un toutefois plus blanc que les autres ; leur poitrine et leurs cuisses étaient peintes, jusqu'au-dessus du genou, d'un bleu foncé ; tous avaient les cheveux noirs, relevés sur la tête. Leurs pirogues étaient munies d'un balancier ; elles étaient pontées, n'ayant ni l'avant ni l'arrière relevé.

Manua, l'une des Samoa, entre Tutuila et Rose, est célèbre par le massacre, à la suite d'une querelle, d'une partie des compagnons de La Pérouse, ce qui fit écrire à ce navigateur, très injustement : « Je suis mille fois plus en colère contre les philosophes qui préconisent les sauvages, que contre les sauvages eux-mêmes ; le malheureux Lamanon, naturaliste de l'expédition, qu'ils ont massacré, me disait encore la veille de sa mort, qu'ils valaient mieux que nous. »

Lamanon pensait juste : les indigènes de la Polynésie se sont montrés accueillants pour les navigateurs, doux, enjoués, bons enfants, parfois un peu espiègles par curiosité, toujours pacifiques ; les navigateurs espagnols d'abord, anglais ensuite, les ont massacrés sans raison, et, sous les plus futiles prétextes, les ont assaillis et torturés, dans toutes les îles, de la façon la plus odieuse et la plus barbare : Cook est allé jusqu'à leur faire couper les oreilles.

CHAPITRE IV

ANNEXION ET COLONISATION

Les Anglais dans le Pacifique

Un baleinier français, le capitaine L'Anglois, ayant visité la côte de Tawai-Punamu, l'Ile du Milieu de la Nouvelle-Zélande, acheta aux indigènes une étendue considérable de terrains vers la presqu'île voisine d'Akaroa et vint en France, dans l'intention de recruter des émigrants. Pour encourager cette tentative et pour favoriser l'installation des colons, le Gouvernement français envoya à Akaroa un navire de guerre sous le commandement du capitaine Lavaud. Lorsque ce bâtiment fit relâche à Auckland, son état-major fut reçu par le captain anglais Hobson, qui, depuis quelques mois, représentait les intérêts britanniques dans l'Ile du Nord ; le commandant français indiqua le but de son voyage et vanta les beautés du port d'Akaroa. Dès qu'Hobson connut le but de l'officier français, il n'hésita pas : pendant qu'il offrait à l'état-major français l'hospitalité la plus large, il dépêchait à Akaroa un petit navire de guerre, le Britomart, qui hissa le pavillon britannique sur la colline qui domine la baie. Le capitaine Lavaud arriva lorsque l'annexion était consommée.

Nouvelle-Zélande. — Sous l'administration anglaise, la Nouvelle-Zélande prit un rapide développement.

Depuis quinze ans, différentes compagnies s'étaient créées à Londres pour la colonisation du Pacifique, dont s'était préoccupée l'opinion britannique, après qu'une flotte partie d'Angleterre pour la Nouvelle-Hollande eut touché Botany-Bay, en janvier 1788, y portant 698 personnes, dont 192 femmes, avec 82 émigrants libres. Le comte Durham organisa, en 1825, la New-Zealand Company dans le but de créer des établissements sur la Rivière Thames, au sud-est d'Auckland ; une centaine d'émigrants s'étaient déjà fixés, en 1836, dans la Baie des Iles, au Nord d'Auckland, lorsque la New-Zealand Company jeta les fondations de la ville de Wellington, sur la côte méridionale de l'Ile du Nord, près du Détroit de Cook, et qui devait être par la suite le meilleur port de la Nouvelle-Zélande.

En 1840, 312 chefs maori, des Polynésiens, signaient le Traité de Waitangi, qui cédait à la reine d'Angleterre la souveraineté de l'Ile du Nord ; peu après, la Nouvelle-Zélande tout entière devenait colonie britannique et formait une dépendance de la colonie de la Nouvelle-Galles du Sud (New South Wales) ; en 1841, elle était proclamée colonie indépendante.

La New-Plymouth Company crée en 1841 New-Plymouth, près du Mount Egmont, dans l'Ile du Nord, et Nelson, sur le Détroit de Cook, dans l'Ile du Milieu. L'Otago Association porte, en 1848, à Port-Chalmers, dans la partie méridionale de l'Ile du Milieu, un fort contingent d'émigration ; en 1850, la Canterbury Association for founding a Settlement in New-Zealand, dirige un premier bâtiment, rempli d'émigrants, vers le Canterbury, non loin d'Akaroa.

La population européenne, qui était de 2.000 individus en 1840, s'accrut rapidement par l'effet de l'immigration ; elle atteignit le chiffre de 5.000 en 1841, 20.000 en 1850, 100.000 en 1860, près de 270.000 en 1870, 500.000 en 1880-1881, près de 800.000 en 1900, avec une proportion, au recensement de 1891, de 88 femmes pour 100 hommes. Quant aux Maori, qui étaient 56.000 en 1843, ils n'étaient plus que 40.000 en 1900, dont 38.000 dans l'Ile Nord.

La Nouvelle-Zélande est un pays pastoral au premier chef. Les bêtes à cornes, qui, jusqu'en 1860, ne dépassaient pas 200.000 têtes, étaient, en 1870, 400.000, 800.000 en 1885, et sont aujourd'hui 1.200.000, dont les trois quarts dans l'Ile du Nord. Les vaches ont fourni à l'exportation, en 1898, 97.000 cwt (hundredweight ou quintal de 50 kil. 800) de beurre d'une valeur de 400.000 liv. sterl. (ou pound sterling de 25 francs) et 69.000 cwt. de fromage valant 136.000 liv. sterl. Les moutons étaient 1.500.000 en 1858 ; en quelques années le troupeau doubla, quadrupla ; il était de 8 millions de têtes en 1867, de 16 millions de têtes en 1886, de 19 millions en 1899, valant de 7 s. (shilling de 1 fr. 25 cent.) à 14 s. La valeur de la laine exportée, qui n'était que de 250.000 liv. sterl. en 1858, atteignait, en 1867, 1.500.000 liv. sterl. (pour 27.000.000 lb., ou pound, livre de 453 gram. 54) ; en 1886, 3.000.000 liv. sterl. (pour 90.000.000 lb.) ; en 1898, 4.000.000 liv. sterl. (pour 149.000.000 lb.). Les chevaux étaient 15.000 en 1858, 150.000 en 1881, 250.000 en 1898-1899. Le nombre des porcs est monté de 40.000 à 200.000, à 300.000 ; ils fournissent à l'exportation des soies appréciées.

Il fut exporté en or 4.500 oz. (c'est-à-dire ounce de 14 gram. 17) en 1860 ; le chiffre de l'exportation monte à 200.000 oz. (valant 752.000 liv. sterl.) en 1861, et depuis oscille, avec de grandes variations, d'une année à l'autre ; l'extraction atteignait, en 1898, 280.000 oz. (valant 1.080.000 liv. sterl.) ; l'exportation montait, en 1899, à 470.000 oz. (valant 1.500.000 liv. sterl.). L'industrie extractive occupe 14.000 mineurs, dont 2.000 chinois. 2.000 mineurs ont extrait, en 1898, 900.000 tonnes de charbons (de 1.015 kilogr.) d'une excellente qualité. La gomme des vieux kauri exportée en 1898, vaut 586.000 liv. sterl. (pour 10.000 tons). Parmi les métaux qui abondent, à citer encore le soufre, le manganèse, l'antimoine, le chrome, le cuivre.

Bien que l'élevage soit la principale ressource de la colonie, l'agriculture est loin d'y être négligée. La zone des prés, qui ne s'étendait encore, en 1857, que sur 120.000 acres (de 40 ares 46), atteint 1.200.000 acres en 1871 et dépasse, en 1899, 12.000.000 acres. 400.000 acres sont cultivés en froment et chaque acre a rendu en moyenne, en 1899, 33 bushels (ou boisseau) de 60 lb. (soit de 27 kilogr. 214), dont le prix a varié de 3 s. 6 d. (3 shillings 6 pence) à 4 s. 6 d. le bushel. 417.000 acres sont cultivés en avoine, ayant rendu, en 1899, 40 bushels (de 40 lb. ou 18 kil. 142) à l'acre, d'une valeur de 2 s. 3 d. à 3 s. 3 d. le bushel. 416.000 acres sont consacrés aux navets et 104.000 acres aux colza ; le foin occupe 76.000 acres, les pommes de terre 38.000 acres, ayant donné, en 1899, 8 tonnes à l'acre.

Pour favoriser l'agriculture, le gouvernement peut,
en conformité des actes de 1894, 1895, 1896, faire
des avances d'argent aux fermiers, sous un intérêt
de 5 %, qu'un acte de 1899 a réduit à 4 1/2 % ;
au 31 juillet 1899, les avances s'élevaient au nombre
de 6.222, pour un capital de 1.699.000 liv. sterl.
(soit 42.000.000 de francs) ; les fermiers (settler) rem-
boursent ces avances avec la plus grande ponctua-
lité.

En produits du pays, il fut exporté pour 500.000
liv. sterl. en 1860, pour 4.500.000 liv. sterl. en
1870, pour 6.000.000 de liv. sterl. en 1880, pour
9.000.000 de liv. sterl. en 1890, pour près de
12.000.000 de liv. sterl. en 1899.

Au premier rang des exportations est la laine
(4.600.000 liv. sterl.) ; au second rang, les viandes
congelées et l'or ; loin derrière, au troisième rang, le
beurre, le suif, les peaux.

La valeur des importations a longtemps — et jusqu'en 1886 — dépassé celle des exportations ; en
1899, les importations ont été de 3.200.000 liv. sterl.
inférieures aux exportations ; 67 % des importations
viennent d'Angleterre ; le reste est introduit, en ma-
jeure partie, par l'Australie et la Tasmanie.

Les chemins de fer, dont la longueur était, en 1874,
de 209 miles, atteignent, en 1899, 2.258 miles, (de
1.609 mètres), dont 2.091 miles construits par le gouvernement. Les lignes télégraphiques sont très déve-
loppées.

La dette publique, en y comprenant le coût des
chemins de fer et autres travaux publics, était, au
31 mars 1894, de 46.000.000 de liv. sterl. (soit de
61 liv. sterl. 14 s. 4 d. par tête d'habitant).

Les tendances sociales de l'élément européen sont extrêmement progressistes ; l'État est, en matière religieuse, complètement laïque ; une cour spéciale intervient dans tout litige entre le capital et le travail, l'arbitrage est obligatoire, ce qui a supprimé les grèves ; la cour fixe même les salaires pour la plupart des corps de métiers ; patrons et ouvriers doivent accepter le taux déterminé, sous peine de poursuites correctionnelles ; les femmes sont électeurs depuis 1893 ; elles peuvent exercer les fonctions municipales.

La colonie met à la disposition des colons des terres et des terrains de pâturages ; les terres sont divisées en trois classes : les lots de villes et villages, les lots suburbains et les terres rurales ; elles sont estimées à 1 liv. sterl. l'acre pour la 1re classe, à 5 s. pour la 2e classe ; elles peuvent être achetées ou louées : les lots de 1re classe ne peuvent dépasser 640 acres, ceux de la 2e classe 2.000 acres ; les terres d'élevage de 1re classe peuvent comprendre, par concession, 5.000 acres, et celles de 2e classe 20.000 acres.

Un bureau d'information, le New-Zealand Government Office, est ouvert à Londres (Victoria Street), pour tous les renseignements qui peuvent être désirés sur la Nouvelle-Zélande.

De la colonie de la Nouvelle-Zélande dépendent : les Iles Auckland, à 200 milles marins de l'Ile Stewart, où les Anglais vinrent dès 1807, quatre ans après l'installation d'un établissement pénitentiaire anglais en Tasmanie ;— les Iles Campbell, à 145 milles au sud-est des Iles Auckland, visitées par les Anglais en 1810 ;— les Iles Antipodes, à 458 milles au sud-est de Port-Chalmers ;— les Iles Chatham ou Warekauri, situées à 360 milles dans l'est de Lyttleton, de 375 milles carrés, ayant moins de 200 habitants ; — les Iles Kermadec, dans la direction des Tonga, à 614 milles au nord-est de Russell, qui n'ont été annexées qu'en 1885,

Le protectorat des Iles de Cook, établi par la proclamation de 1888, a été exercé, de 1888 à 1900, par un résident dépendant du gouverneur de la Nouvelle-Zélande ; il a été récemment transformé en annexion, afin de permettre l'établissement d'un tarif douanier assez élevé pour fermer les ports de cet archipel aux produits français, et plus généralement au commerce de Tahiti.

La petite Ile de Norfolk, qui reçut, en 1856, les habitants de l'Ile Pitcairn, d'anciens matelots anglais révoltés, et l'Ile Lord-Howe, situées entre la Nouvelle-Zélande et l'Australie, sont rattachées à la New South Wales.

Fiji. — Dès 1835, des missionnaires wesleyans vinrent s'établir dans les Iles Fiji. Lorsque le jeune Seru succéda, sous le nom de Takambau ou Kakobau, à son vieux père Tanoa, chef de Bau, la mission anglaise de cette petite île, voisine de Levuka, s'efforça de capter la confiance du nouveau roi, en modifiant sa foi ; elle l'amena, en 1854, à une première manifestation chrétienne, mais il résistait aux doctrines évangélistes et entendait pouvoir conserver toutes ses femmes ; en 1857, de guerre lasse, il renonça à la polygamie et ne retint près de lui que l'une de ses femmes qu'il appela Lydia. En 1859, il offrit à l'Angleterre la souveraineté des Fiji : les Anglais auraient voulu accepter ; ils ne l'osèrent pas, en considérant que Takambau n'était pas le roi de l'archipel, qu'il n'était que chef de la minuscule Bau. Pour faire de Takambau un roi, les colons anglais,

qui étaient venus aux Fiji planter du sucre et du
coton, imaginèrent d'organiser un gouvernement
composé d'un conseil exécutif, dont seuls les Européens pouvaient être, d'un conseil privé, d'une
chambre de représentants et d'un roi appointé à
1.500 liv. sterl. par an, qui fut Takambau ; des discussions s'élevèrent entre le roi et sa Chambre, et les
Anglais eurent un motif pour intervenir ; le gouverneur de la New South Wales se rendit aux Fiji :
Takambau, Maafu et les autres principaux chefs
cédèrent, le 10 octobre 1874, à la Grande-Bretagne
la souveraineté de l'archipel ; les Fiji furent érigées
en colonie distincte ; le port de Levuka, dans l'Ile
d'Ovalau, fut d'abord choisi pour capitale, mais, en
1882, le siège du gouvernement fut transféré dans le
port de Suva, sur la côte sud de la grande Ile Viti-
Levu.

Les Européens, qui étaient 2.000 à l'époque de
l'annexion, étaient, en 1897, 3.400 (dont 1.200
femmes), et sont aujourd'hui 4.000.

Le chiffre de la population indigène décroît rapidement : de 200.000 en 1859, il tombe, en 1868, à
170.000 ; en 1871, à 140.000 ; lorsque Takambau
alla à Sydney, en 1875, il revint avec la rougeole et
la sema dans l'archipel où elle fit des milliers de vic-
times ; aussi les Vitiens noirs n'étaient plus que
114.000 en 1881, 105.000 en 1891, 98.000 en 1899 ;
et des 6.000 Polynésiens vivant près d'eux en 1881, il
ne restait en 1899 que 2.000.

Les principaux produits d'exportation étaient, en
1874, le coprah, le coton et le maïs. L'exportation du
coprah s'est développée, passant de 3.000 tonnes (1875)
à 5.000 tonnes (1896) et 7.000 tonnes (1897); la produc-

tion du coton s'est continuée jusqu'en 1882 ; elle s'est réduite à cette époque, et tombait, en 1888, à 3 tonnes ; depuis, elle s'est relevée ; la culture du maïs a fait place au sucre. Le sucre, dont il n'était exporté, en 1875, que 96 tonnes, donnait 27.000 tonnes en 1897, et sa valeur d'exportation passait, entre 1875 et 1897, de 3.000 liv. sterl. à 323.000 liv. sterl. : la canne peut donner d'excellents résultats dans tous les districts et procurer des bénéfices, malgré la baisse du prix des sucres. L'exportation des fruits date de l'annexion ; il n'était exporté en bananes, ananas, oranges et autres fruits, que pour 97 liv. sterl. en 1875 ; il en sortait, en 1897, pour 16.000 liv. sterl. Cette branche d'exportation est très rémunératrice pour l'indigène et ne lui demande que peu de soins.

Aucune relation directe n'existe entre l'Angleterre et les Fiji : aussi 90 % du commerce de l'Archipel se fait-il avec l'Australie et la Nouvelle-Zélande.

Les exportations sont en progression : de 198.000 liv. sterl. en 1876, elles sont montées à 431.000 liv. sterl. en 1897, tandis que les importations se limitaient à 248.000 liv. sterl.

Un téléphone a été établi entre Suva et Bau, distance 100 milles ; à Levuka, il y a de grands magasins, deux banques, des hôtels, une loge maçonnique, deux journaux ; autre hôtel dans l'Ile de Taviuni, le jardin des Fiji, renommé pour l'excellence de son sucre et de son café.

Le gouvernement anglais, reconnaissant qu'il reste beaucoup à faire pour la mise en valeur de cet archipel, que si 19.000 hectares sont cultivés, 1.900.000 demeurent en friche, s'efforce de développer et d'améliorer la culture de la canne ; il porte également ses

soins à faire pratiquer d'une manière plus ration-
nelle la culture des fruits, qui peuvent trouver sur les
marchés de l'Australie un débouché très avantageux.

La Grande-Bretagne a prononcé, en 1881, l'annexion de l'Ile Rotumah, qui a été placée sous la
dépendance du gouverneur des Fiji ; cette île, qui est
purement polynésienne, possède une population qui,
dans ces dernières années, s'est abaissée de 2.400 à
2.000 individus ; elle produit du coprah et en expédie
chaque année 300 tonnes.

Annexions anglaises de 1883. — Dans l'intention
nettement déclarée de prendre toutes les îles du Pacifique pour en écarter la France, l'Angleterre annexa,
en avril 1883, une partie de la Nouvelle-Guinée, qui
est la plus grande des îles du monde, et que peuplent
les Papou ; de la British New-Guinea dépendent les
Iles d'Entrecasteaux et l'Archipel de la Louisiade, îles
mélanésiennes.

Annexions anglaises de 1888-1889. — En 1888
et 1889, les Anglais annexèrent de nombreuses îles
polynésiennes, dans le Grand Océan, notamment, en
1888, Suwarrow, Penrhyn, Christmas, Fanning, qui
gisent parmi les Sporades, au nord-ouest des Établissements français ; en 1889, Tokelau, un archipel ;
Phœnix, autre archipel ; Reirson et Humphrey, deux
Sporades.

Annexions anglaises de 1893. — En 1893, nouvelles annexions : les Anglais ajoutent aux Iles d'Entrecasteaux et à l'Archipel de la Louisiade, les îles
sud du groupe des Salomon, la Nouvelle-Géorgie,
Guadalcanar, Malaita, San-Christoval, qui sont peuplées de Mélanésiens, et les deux petites Iles Bellona
et Rennell, colonies polynésiennes.

Annexions anglaises de 1899. — La convention
de 1899 signée entre l'Angleterre et l'Allemagne, a
élevé le nombre et l'étendue des terres britanniques.
L'Angleterre reçut deux des Iles Salomon, qui lui
avaient échappé en 1893, Choiseul et Isabelle, îles
mélanésiennes ; et dans son lot fut placé l'archipel
polynésien des Tonga, y compris le groupe septentrional de Vavau et l'île, peu éloignée, de Niue ou
Savage ; ce lot était excellent au point de vue des cultures et au point de vue stratégique, ce qui amena le
Premier Ministre de la Reine à caractériser ce traité
très avantageux, en disant : « Nous avons pris des
ports. »

Annexions anglaises sans date. — Dans l'énu-
mération qui précède, ne sont pas comprises toutes
les colonies de la Grande-Bretagne. Les publications
officielles de Londres marquent comme anglaises des
îles nombreuses et des archipels dont les autorités
britanniques ne semblent pas avoir pris officiellement
possession, telles les Iles Gilbert, archipel polynésien,
dont la population est plus dense qu'en France, puisqu'on y compte 96 habitants par kilomètre carré ;
telles les Ellice, îles polynésiennes en atol, ce qui
leur a fait parfois donner le nom d'Archipel des Lagons ; telles, parmi les Sporades, les Iles Palmerston,
Vostok, Starbuck, Malden, Jervis, Washington ou
New-York, Palmyra, Johnston ; telles Pitcairn, qui
dépend géographiquement du groupe des Tuamotu ;
telles Flint et Caroline. .

Dans la note qu'il m'envoyait de Papeete, le 12
avril 1889, pour être insérée dans les *Cahiers coloniaux de 1889*, le président du Conseil général des
Établissements français de l'Océanie, accusant le

manque complet de résolution, de fermeté, qui distingue souvent notre administration coloniale, se demandait si elle serait capable de défendre nos territoires et nos droits, et après avoir rappelé que l'Ile de Pâques, une des clefs de la route de Panama à Sydney, venait de nous échapper, ajoutait : « Demain peut-être elle en laissera échapper d'autres : Flint, Caroline, Humphrey. »

Flint nous appartenait : le dictionnaire géographique de Vivien de Saint-Martin serait là pour l'affirmer, s'il en était besoin ; il porte : « Flint est aujourd'hui possession française » ; dans un rapport officiel adressé au Ministère de la marine, il était dit : « Les Iles Flint et Caroline sont dans notre sphère d'action entre les Marquises et l'Archipel de la Société ; on peut les considérer comme nous appartenant sans conteste. » Eh bien, Flint ne nous appartient plus ; l'Angleterre s'y est installée, sans scrupule et sans ménagement.

Caroline nous appartenait : le dictionnaire de Vivien de Saint-Martin était affirmatif sur son cas : « Cette île est aujourd'hui rangée dans les limites du protectorat français de l'Océanie. » Cependant l'Angleterre, sans bruit, en sourdine, l'a inscrite sur ses listes comme terre de la Couronne ; elle s'y est établie et le gouvernement français n'a pas protesté.

A-t-il su et sait-il, d'ailleurs, que les Anglais tiennent Flint et Caroline ? Le rapporteur de la commission du budget de 1897, M. Jules Siegfried, voulant en 1896 joindre une carte à son rapport, pria le Service géographique du Ministère des Colonies d'en dresser une ; la carte qui fut ensuite remise au rapporteur, et qui a été insérée dans son travail, indique

comme françaises Monahiki (ou Humphrey) et Rakahanga (ou Reirson); il y avait sept ans, en 1896, que
ces îles nous avaient été « soufflées » par les Anglais,
comme Flint et Caroline !

Les Allemands dans le Pacifique

L'Allemagne, qui avait pris pied en Afrique en
1883, en se faisant céder la Baie d'Angra Pequeña
dans l'Afrique du sud-ouest, et qui depuis 1884 son-
geait à substituer sa domination à la souveraineté du
sultan de Zanzibar sur une partie des territoires de
l'Afrique orientale, tourna en 1885 son attention vers
l'Océanie ; elle prit, au cours de cette année, possession de la partie nord-est de la Nouvelle-Guinée qui
fut appelée Kaiser Wilhelm Land : c'est un magnifique domaine de 179.000 kilomètres carrés, équi-
valant à la moitié de la Prusse ou à deux fois l'Irlande,
peuplé de 100.000 Papou ou Mélanésiens ; la même
année, furent annexées la Nouvelle-Bretagne, la Nouvelle-Irlande, les Iles de l'Amirauté, qui devinrent
l'Archipel Bismarck, dont la superficie atteint 52.000
kilomètres, soit les deux tiers de la Bavière, avec
180.000 ou 200.000 habitants noirs.

L'annexion des Iles Marshall, qui date de la même
année, amenait l'Allemagne en pleine Polynésie. Ces
îles jouissent d'une administration commerciale, qui
n'occasionne aucun frais à l'empire allemand : la
Compagnie des Marshall ou Jaluit-Gesellschaft pour-
voit aux frais d'administration, ce qui ne l'a pas empê-

chée de distribuer à ses actionnaires en 1899 un dividende de 12 % : elle exploite plus particulièrement le coprah et l'huile tirée de la noix de coco ; l'exportation en coprah atteint annuellement 2.300 tonnes ; la superficie totale de l'archipel est de 400 kilomètres carrés ; la population de 15.000 habitants.

Considérant les îles Carolines et Palaos comme un pont entre Samoa et Kiao-Tchéou, les Allemands ont, en juin 1899, au prix de 25.000.000 de francs, acheté à l'Espagne ces deux archipels et les Mariannes, à l'exception de l'Ile Guam cédée aux États-Unis ; l'Espagne s'est réservé dans chaque groupe d'îles une station de charbon, qui sera désignée ultérieurement, et dont l'Allemagne s'engage à prendre la défense à perpétuité ; l'Espagne jouira pour le commerce de ces îles du traitement de la nation la plus favorisée. Les Carolines comptent 670 îles ou îlots, formant au moins 46 groupes, les uns hauts, les autres bas, presque toutes fertiles, dispersées sur 1.500 milles ; leur population est de 50.000 habitants, à peau jaune clair chez les nobles, jaune brunâtre dans le peuple, tous hardis navigateurs, aimant la pêche et se reposant sur les femmes pour le travail agricole et la récolte du coprah. Les Palaos comptent six îles plus ou moins grandes, volcaniques, et 200 îlots escarpés ; l'île Baobeltuap, qui a 780 kilomètres carrés de superficie, est aussi étendue que toutes les autres réunies ; la population de ce petit archipel ne dépasse pas le chiffre de 2.000 habitants ; elle est plus travailleuse que celle des Carolines. La partie aujourd'hui allemande des Iles Mariannes est fertile, mais l'indigène chamorre, qui vit du *rima*, le fruit de l'arbre à pain, est d'une excessive mollesse au tra-

vail ; il récolte cependant du coprah, cultive un peu
de cacao et de café, et se livre activement sur ses
banca à la pêche du balate. Depuis l'établissement
du régime allemand, les Carolines et les Palaos commencent à sortir de leur torpeur économique ; la
plantation des cocotiers est encouragée et se développe ; des moyens de transports sont créés : un service régulier relie Sydney aux Palaos par Dschalut ou
Jaluit (dans les Marshall), Kusaie, Ponape (ou Pui-
nipet), chef-lieu de l'ancienne province espagnole des
Carolines orientales, Ruk, et un autre service con-
verge de Hong-Kong sur Ponape.

La convention anglo-allemande de novembre 1899
a reconnu pour possessions allemandes deux des Iles
Samoa, Savaii et Upolu, et en échange de cette concession, l'Allemagne, reconnaissant qu'elle n'avait
pas encore d'intérêt dans les Iles Choiseul et Isabelle
du groupe des Salomon, les a abandonnées à l'Angleterre.

Bien avant 1870, la maison allemande Godeffroy,
de Hamburg, dont le chef, d'origine française, appartient à une famille de réformés chassés par l'édit de
Nantes, envoyait dans le Pacifique, et notamment aux
Iles Samoa, de pleins chargements de cotonnades et
d'armes qu'elle échangeait contre du coprah et de
l'huile de coco. D'Apia, ses goélettes rayonnaient
dans les îles et les archipels voisins. Au début de
1875, elle s'associa avec les maisons Menel, Wilkens
et Schlubach, pour former une compagnie de commerce et de navigation au capital de 1.562.000 francs,
avec siège à Hamburg. Les affaires de la nouvelle
compagnie prirent de suite une grande extension, et
l'on put craindre la voir s'emparer du commerce de

nos Établissements, car M. Godeffroy, nommé consul d'Allemagne à Papeete, était gendre de M. Brander, qui monopolisait le commerce de Tahiti. L'effort allemand porta sur les Samoa.

En 1877, l'Allemagne obtenait des chefs samoans, par une convention provisoire, les droits de la nation la plus favorisée; des marins allemands occupèrent les ports où se trouvaient les factoreries hambourgeoises, et un consul général de l'Empire fut nommé pour les Samoa et les Tonga; en 1879, l'Allemagne signa un traité d'amitié avec le grand conseil de Samoa.

La maison Godeffroy, qui avait acquis de grandes plantations dans les Iles Samoa, et qui possédait les plus belles terres d'Upolu, ayant cédé ses propriétés à la Compagnie Océanienne, et cette société ayant été, à la suite d'une manœuvre de banquiers anglais, mise en faillite, le gouvernement allemand favorisa la formation d'une nouvelle compagnie de commerce, en garantissant aux actionnaires un revenu de 3 % pendant vingt ans, soit 300.000 mark par an. Le projet du gouvernement ayant été désapprouvé par le Parlement, un syndicat de maisons de commerce de Hamburg racheta à la maison Baring de Londres les actions de la Société Océanienne qu'elle détenait, la Société fut reconstituée et une Banque coloniale fut créée avec succursales en Océanie. Le gouvernement allemand était loin de se désintéresser des affaires océaniennes : il tenta de s'assurer une situation prépondérante aux Samoa en profitant des rivalités qui s'étaient élevées entre les partisans du roi Malietoa et du chef Mataafa ; il déposa même un moment Malietoa, l'envoya en Allemagne, puis l'interna aux

Iles Marshall ; ce roi fut de nouveau proclamé en 1889 par les consuls américain, anglais, et même allemand, à la suite de l'établissement d'un système de condominium élaboré à la Conférence de Berlin. Dix ans plus tard, en 1899, entre Malietoa et Mataafa la lutte continuait, grâce aux rivalités européennes : pour y mettre un terme, un partage des îles fut décidé : l'Allemagne reçut Savaii et Upolu, les Américains Tutuila ; l'Angleterre se réserva l'Archipel des Tonga.

Les deux îles acquises par l'Allemagne ont une grande valeur au point de vue maritime et au point de vue économique. C'est en parlant d'Upolu que Dumont d'Urville écrivait : « Nous rangeant à l'opinion de La Pérouse, nous n'hésitons pas à proclamer Upolu comme supérieure en beauté à Tahiti elle-même. »

Les Américains dans le Pacifique

Lorsque, le 12 août 1896, prit fin la guerre hispano-américaine par le renoncement de l'Espagne à la souveraineté de Cuba, il fut stipulé dans le protocole signé à Washington que le sort des Iles Philippines serait ultérieurement réglé.

Les Américains les convoitaient et se les firent céder. C'est un archipel malainésien qui vaut 17 ou 18 fois les Hawaii et qui est 64 fois plus peuplé ; l'Ile Luzon seule vaut 17 de nos départements français et est plus grande que l'Irlande, Mindanao vaut 15 à 16 départements et est plus vaste que l'Irlande.

Les États-Unis se firent également céder l'Ile Guam du groupe polynésien des Mariannes. Cette île, appelée aussi Guajan ou San-Juan, a 54 kilomètres du nord au sud et mesure de 550 a 600 kilomètres carrés; c'est la moitié de la superficie de l'archipel entier; elle compte 7.000 habitants et les autres îles réunies n'en groupent que 3.000; son chef-lieu est San-Ignacio de Agaña, petite ville de 700 à 800 cases en bois, sur un terrain bas et sablonneux, à peu de distance de la mer. Les Américains y ont établi un gouvernement militaire.

Le 6 juillet 1898, les États-Unis prenaient possession des Iles Hawaii. A l'époque de la découverte, en 1778, les Iles Hawaii, les Sandwich de Cook, étaient gouvernées par plusieurs rois : le fils de Tereoboo, qui régnait lors des voyages de Cook, Kamehameha, réduisit à l'obéissance en 1793, avec le secours de deux matelots américains et après une lutte héroïque, les Iles de Maui, Molokai, Oahu et Lanai; vingt ans plus tard, le roi de Kauai lui céda son royaume; l'unité hawaiienne était faite; abandonnant sa résidence de Kailua en Hawaii, Kamehameha vint habiter au port de Honolulu dans l'Ile Oahu, que les navires étrangers commençaient à visiter. Cet ancien chef sauvage arriva à posséder une batterie de 16 canons, plus de 60 bâtiments d'un tonnage moyen de 40 tonneaux, outre un grand bâtiment de 200 tonneaux, 40 pierriers et 600 mousquets; il envoya ses bâtiments à la côte nord-ouest d'Amérique; il maintint cependant dans toute leur intégrité les coutumes primitives; il mourut en 1819, au moment où il rêvait l'occupation de Tahiti.

Sa femme Kaahumanu prit la régence à l'avè-

nement de son fils, Liholiho, qui hérita de la royauté
sous le nom de Kamehameha II ; l'un des premiers
actes de la régente fut de favoriser les missionnaires
protestants, et plus particulièrement les pasteurs
américains ; une constitution fut promulguée sous
leur inspiration : elle dura de 1840 à 1852. La seconde
constitution, celle de 1852, fut l'œuvre de ceux des
missionnaires qui dirigeaient leurs espérances vers
les États-Unis ; cet acte établissait un régime parle-
mentaire, instituait le suffrage universel et remettait
ainsi le pouvoir aux mains des planteurs américains,
qui employaient de nombreux travailleurs.

Kamehameha IV, qui avait visité l'Europe et l'Amérique, ne régna que de 1855 à 1863. Son frère lui
succéda sous le nom de Kamehameha V : adversaire
des idées américaines, défenseur de l'autonomie indigène, il restreignit le suffrage universel en établissant
en 1864 le suffrage censitaire. Lorsqu'il mourut, en
1872, sans enfant, les Chambres se réunirent pour
désigner son successeur : elles choisirent un cousin
du roi défunt, William Lunilalo, élève des missionnaires américains, qui peu après son avènement mourait ; le candidat des Américains, David Kalakaua, fut
alors élu, malgré le sentiment populaire : il favorisa
l'influence extérieure ; Honolulu fut embelli et devint
une luxueuse station. En 1894, la République fut proclamée et l'annexion aux États-Unis repoussée par
40.000 Hawaiiens contre 1.900 ; les Américains devaient cependant triompher à la faveur des divisions
locales et, en 1898, ils prenaient possession de l'Archipel. L'annexion des Iles Hawaii leur donne la clef du
Pacifique septentrional, l'étape obligée sur la route
de Chine et du Japon.

D'après le nouvel état de choses, le président des États-Unis nomme le gouverneur du Territoire d'Hawaii, et ce dernier a un droit de veto contre les décrets des Assemblées, mais ce veto devient nul devant une majorité des deux tiers ; ces Assemblées sont un Sénat de 15 membres et une Chambre de réprésentants de 30 Députés.

Trois partis sont représentés dans cette législature : le parti des républicains, comprenant la presque totalité de l'élément de race blanche (Américains et Allemands naturalisés) et un fort contingent d'indigènes ; le parti démocratique, composé presque exclusivement des Hawaiiens restés fidèles à la monarchie ; le parti des indépendants ou nationalistes, franchement opposé aux Américains ; le premier délégué élu au Congrès américain (avec voix consultative seulement) est M. Robert Wilcox, un nationaliste de l'Indépendant Home Rule Party.

Quelle est la valeur économique de l'Archipel ? Le bois de santal fut tout d'abord l'article le plus recherché par le commerce de ces îles ; des coupes excessives, faites de 1830 à 1840, firent péricliter cette source de revenus ; l'activité des planteurs commença à se porter sur les produits agricoles, qui trouvaient un marché très favorable en Californie. Lorsque ce pays put produire pour lui-même ses denrées de consommation, d'autres cultures s'introduisirent à Hawaii : la canne à sucre, le caféier, le mûrier, le coton, dont le traité de réciprocité de 1876 favorisa l'extension, en donnant libre accès aux États-Unis aux produits du sol d'Hawaii.

Les quatre plus grandes îles du groupe, Hawaii (2.000.000 d'arpents sur 3.500.000), Maui (400.000

arpents) , Kauai (350.000 arpents), Oahu, siège du gouvernement (360.000 arpents), produisent du sucre: les îles Molokai et Lanai sont sur le point d'entreprendre cette culture ; il y a actuellement 60 plantations environ en exploitation ; chacune d'elles a une usine équipée pour la fabrication du sucre brut ; l'importance de ces propriétés varie entre une production de 1.000 tonnes à 20.000 tonnes par an. Il faut en moyenne deux ans pour faire une récolte en Hawaii, d'après M. Walter Maxwell, directeur de la Société des Planteurs d'Hawaii, tandis qu'un an suffit en Louisiane. Le rendement s'est élevé à 150.000 tonnes (de 2.000 livres) en 1895, à 250.000 tonnes en 1897. Dans le total des exportations de 1897, qui s'est élevé à 16 millions de piastres américaines, les exportations de sucre représentent 15 millions de piastres pour leur part.

Le caféier est cultivé sur les quatre îles les plus importantes : dans l'île Hawaii, le district d'Olaa compte les plus vastes plantations de l'Archipel ; elles couvrent 6.000 arpents. Parmi les planteurs de café, le plus grand nombre sont de race anglo-saxonne ; les cafés d'Hawaii passent pour avoir une saveur particulière ; de même que l'ananas hawaiien, il est d'une saveur douce et délicate : il n'a pas d'âcreté.

Au point de vue de la surface cultivée, le riz viendrait au second rang après la canne ; il se sème dans les terrains les plus bas, qui sont généralement marécageux ; seuls les Chinois sont suffisamment à l'abri des miasmes paludéens pour s'adonner sans danger à cette culture, qui fournit un aliment précieux à la consommation locale.

Le fardeau du travail agricole est d'ailleurs supporté par les Asiatiques : le tiers de la population chinoise (8.000 sur 22.000 immigrants) et la moitié de la population japonaise (12.000 sur 24.000) sont engagés sur les plantations ; les Hawaiiens travaillent peu sur les plantations (1.500 engagés sur une population de 40.000) ; d'ailleurs, par instinct naturel, l'indigène polynésien évite la sujétion et répugne à un travail suivi.

Les planteurs des Iles Hawaii font de la culture scientifique : il y a à Honolulu un champ d'expérience renfermant des spécimens des terrains à mettre en culture dans les îles et permettant d'étudier les conditions de chaque espèce de production : grâce à cette méthode de travail, la production du sucre a pu être élevée en une seule année (entre 1895 et 1897) de 150.000 tonnes à 250.000 tonnes ; en ce moment la Société des Planteurs d'Hawaii offre un prix de 2.000 dollars (10.000 francs) à l'inventeur qui présentera le meilleur plan pour une machine destinée à couper la canne à sucre, et un autre prix de 1.500 dollars (7.500 francs) à celui qui dessinera la meilleure machine à charger et à transporter la canne ; si le plan de la machine à couper la canne est accepté, le premier prix sera porté à 5.000 dollars (25.000 francs).

Sur une importation de 8.800.000 dollars (en 1897) les États-Unis ont fourni pour 6.800.000 dollars ; viennent ensuite la Grande-Bretagne avec 800.000 dollars, l'Allemagne avec 200.000 dollars, au dernier rang la France avec 30.000 dollars, soit 0 fr. 35 cent. par 100 francs d'importation.

Les Français dans le Pacifique

Lorsque, dans les derniers jours d'avril 1842, le contre-amiral du Petit-Thouars, venant de Valparaiso, jeta l'ancre de la Reine-Blanche dans la baie de Vaitahu, la Madre de Dios de Mendanao, sur la côte de Tauata, l'ancienne Santa-Christina, le roi maori Yotete, qui, ayant assez mal accueilli les naufragés d'une baleinière américaine, craignait quelques représailles de la part des États-Unis, sollicita la protection de l'amiral ; il s'offrit à reconnaître la souveraineté du roi des Français et à hisser le pavillon tricolore ; la prise de possession de Tauata et du Groupe du sud-est des Marquises eut lieu le 1er mai, jour de la fête de Louis-Philippe : c'était une première réponse à l'annexion par l'Angleterre de la Nouvelle-Zélande.

Les chefs de Nukahiva signaient, le 2 juin, un acte de reconnaissance et cédaient à la France en toute propriété le promontoire de Tuhiva et la Baie de Taiohae pour y fonder un établissement ; la construction d'un fort fut dès le lendemain commencée ; un officier fut laissé dans l'île pour commander au Groupe du nord-ouest. Le capitaine de vaisseau Bruat fut nommé gouverneur des Marquises en janvier 1843 : trois mois plus tard, il devenait, après les événements qui avaient surgi à Tahiti, gouverneur des Établissements français de l'Océanie.

A l'époque de la visite de Wallis, le principal des grands chefs de Tahiti était Amo, du district de Papara ; il avait pour épouse Oberea, qui réussit, paraît-il, à triompher des faibles résistances et des scrupules du navigateur anglais ; du mariage d'Oberea avec Amo naquit un fils, qui dès le moment de sa naissance devint, selon la coutume, roi sous la régence de son père ; vers 1770, le chef de Tahiti-iti (la Petite-Tahiti) envahit le district de Papara, dans la Grande-Tahiti, où résidait Amo ; après des luttes sanglantes, il triompha et plaça au gouvernement Tu, fils d'un frère de Amo, avec la régence de Tutaha ; à la naissance de son second fils, qui devait être Pomare II, Tu pris la régence sous le nom de Pomare, vers 1780 ou 1782. L'autorité du jeune Tu, grâce à l'habileté de son père, s'étendit bientôt au dehors de Tahiti, à Moorea, à Mehetia, à Tetiaroa, à Tubuai-Manu, à Huahine ; la souveraineté de Raiatea et de Tahaa devait lui assurer la domination de toutes les Iles de la Société : Tu, c'est-à-dire Pomare Ier, mourut en 1803.

Lorsque Pomare II, en but à l'hostilité de chefs puissants, fut chassé de son royaume, il songea à se placer sous la protection des missionnaires anglais, qui évangélisaient l'archipel depuis 1797 ; il se fit chrétien, dans l'espérance que les Anglais viendraient en aide à un roi protestant : vain espoir ; cependant, lorsque, grâce au concours des combattants des Iles Sous-le-Vent, que commandait sa belle-sœur, qui devint plus tard reine de Huahine, il rétablit son autorité, son premier soin fut d'ordonner de brûler les idoles et de détruire les *marae;* il s'associa aux missionnaires pour le commerce des archipels.

Il mourut en 1821, à 47 ans. Les missionnaires anglais régnèrent sous le nom de son fils ; cet enfant n'eut qu'un règne éphémère, marqué par l'excommunication de la régente, femme fière et autoritaire, qui entendait résister aux empiètements des

pasteurs. En 1827, la sœur de Pomare III, la jeune
Aimata, âgée d'environ seize ans, fut proclamée sous
le nom de Pomare-Vahine IV. Elle épousa un de ses
cousins, mais les missionnaires anglais, craignant
l'énergie de ce chef, trouvèrent dans la parenté prétexte
à rompre le mariage et donnèrent pour mari à la reine
un homme sans caractère. Le révérend Pritchard, ancien garçon boucher, devenu ministre de l'Évangile,
s'empara de l'esprit de la reine, qui devint entre ses
mains un instrument servile. Des missionnaires catholiques français ayant été maltraités en 1837 à l'instiga-
tion de Pritchard, l'amiral du Petit-Thouars fut envoyé
à Tahiti ; il avait l'énergie de son oncle, qui, à la
bataille d'Aboukir, ayant eu un bras emporté par un
boulet anglais et les deux jambes brisées par des
éclats de mitraille, continua à commander le feu à
bord du Tonnant et s'écria au moment de défaillir :
« Équipage du Tonnant, n'amène jamais ton pavillon » ; il avait fait clouer le pavillon au mât. A. du
Petit-Thouars exigea du gouvernement tahitien une
indemnité de 10.000 dollars pour les prêtres français ;
la reine préféra accepter le Protectorat, et, le 9 septembre 1842, elle écrivit à l'amiral : « Parce que
nous ne pouvons continuer à gouverner par nous-
mêmes, dans le présent état de choses, de manière à
conserver la bonne harmonie avec les gouvernements
étrangers, sans nous exposer à perdre nos îles, notre
liberté et notre autorité, nous, les soussignés, la Reine
et les grands chefs de Tahiti, nous écrivons les pré_
sentes pour solliciter le roi des Français de nous
prendre sous sa protection... » Les Anglais ne se
tinrent pas pour battus : en janvier 1843, ils en-
voyèrent à Tahiti la corvette le Talbot pour essayer

13.

d'obtenir de la reine qu'elle oubliât ses engagements et pour susciter des troubles; Pritchard rentra vers ce moment sur la frégate la Vindictive ; il appela les indigènes aux armes pour arracher le pavillon du protectorat. Lorsque l'amiral du Petit-Thouars arriva en novembre 1843 pour notifier à la reine l'acceptation du protectorat par le roi Louis-Philippe, il vit flotter sur la maison royale un pavillon blanc et rouge, chargé d'une couronne, qui avait été apporté par le commodore Nichols, de la part de la reine d'Angleterre; il engagea Pomare-Vahine à amener ce pavillon et la menaça, en cas de résistance, de prendre possession définitive de l'archipel des Iles de la Société et de leurs dépendances. Le pavillon royal n'ayant pas été amené, l'archipel fut annexé au nom du roi et de la France; cinq batteries furent construites pour défendre l'entrée de la rade de Papeete, un fort fut élevé avec des casernes pour abriter quelques centaines d'hommes : Papeete fut déclaré port franc.

L'amiral du Petit-Thouars, qui entre temps avait fait arrêter Pritchard pour mettre fin à ses manœuvres dangereuses, fut désavoué par M. Guizot et le régime du protectorat rétabli; l'opposition voulut voir dans ce désaveu l'effet d'une pression exercée par l'Angleterre; elle rappela que François Guizot, rentrant à Paris en 1815 à la suite de Louis XVIII, avait pris d'assaut le secrétariat général du Ministère de la Justice accompagné d'un piquet de hulans britanniques; il devait sa fortune à la protection anglaise, il montrait sa reconnaissance.

Le protectorat français dura trente-huit ans : le 29 juin 1880, le roi Pomare V (qui avait succédé en 1877 à la reine Pomare IV) céda à la France ses

droits et pouvoirs sur Tahiti, sur les Iles de la Société
et leurs dépendances, sous certaines réserves cependant : les lois et coutumes tahitiennes devaient être
respectées, les petites contestations devaient continuer
à être réglées par des tribunaux indigènes ; toutes les
questions relatives aux terres devaient demeurer aux
mains des indigènes.

Les Iles Tuamotu, l'Ile Tubuai et l'Ile Raivavac
suivirent le sort de Tahiti ; Rurutu et Rimatara, du
groupe des Tubuai, n'ont été que récemment annexées.
Les grands chefs des Iles Gambier sollicitèrent le
protectorat français en 1844 et l'annexion en 1881.
Rapa a été annexée en 1867.

La situation des Iles Sous-le-Vent demeura délicate
pendant un demi-siècle. La reine Pomare ayant con-
senti à déclarer, sur les conseils de Pritchard, que les
Iles Sous-le-Vent ne faisaient pas partie de ses États,
une convention intervint en 1847 entre l'Angleterre
et la France, qui reconnut l'indépendance de ces îles ;
les termes de cet arrangement ne purent permettre de
répondre aux indigènes de Raiatea-Tahaa, lorsque,
en 1880, ils sollicitèrent la protection de la France.
En 1888 seulement fut abrogée la convention de 1847,
lorsque la France consentit à évacuer les Nouvelles-
Hébrides ; une proclamation du gouverneur de Tahiti
déclara sous la souveraineté pleine et entière de la
France les Iles Raiatea-Tahaa, Huahine, Borabora,
et leurs dépendances, notamment Tubuai-Manu dit
Maiao. Les Iles Sous-le-Vent formèrent, au point de
vue administratif, un Établissement secondaire spécial ; travaillée par des meneurs anglais et allemands,
qui leur affirmaient que la convention de 1847 n'était
pas abrogée, une partie des indigènes refusèrent d'ac-

cepter l'annexion : le Gouvernement n'ayant pas su
les amener à composition, ce qui eût été facile grâce
aux grandes familles tahitiennes, qui offraient de
servir d'intermédiaire, une expédition fut organisée
en 1896 pour réduire les dissidents; les troupes de
Tahiti, une compagnie d'infanterie de marine de
Nouméa, un croiseur, un aviso-transport, une goé-
lette, furent envoyés à Raiatea-Tahaa : Terahupoo,
le chef des rebelles, fut exilé en Nouvelle-Calédonie.

La France ne possède en Polynésie que les Marquises, Tahiti et ses dépendances, les Tuamotu, les
Tubuai, les Gambier, puis les Iles Sous-le-Vent : elle
a cru longtemps être maîtresse de l'Ile de Pâques,
d'une partie des Sporades, de l'Archipel de Cook.

L'Ile de Pâques, comme disait à la tribune de la
Chambre, en 1890, l'évêque Freppel, située à mi-
chemin entre le continent américain et nos établissements de Tahiti, est une position de premier ordre :
elle a une importance maritime considérable, puisque
c'est la seule île qui coupe la route d'Australie en
avant de Tahiti; elle a une importance commerciale
très grande, puisqu'un Français, qui y résida de 1868
à 1876, Dutrou-Bornier, réussit à y faire pousser du
blé, de l'orge, de l'avoine, y planta assez de vignes
pour espérer une récolte de quatre à cinq cents
barriques de vin par an, y récolta des fruits en abondance, des pêches, des figues, et y possédait, lorsqu'il
mourut, 6.000 moutons, 100 vaches, 42 chevaux,
300 porcs. Il avait enseigné aux Polynésiens de l'île
l'amour de la France et, en 1870, 250 d'entre eux
voulaient venir avec leurs lances combattre pour la
France. En 1872, leur reine adressa à Tahiti une
demande formelle de protectorat : le gouvernement

envoya sa réponse par l'aviso à vapeur le Bruat ; il remerciait la reine et les chefs de leurs sentiments, demandait à notre compatriote Dutrou-Bornier de continuer à favoriser ces tendances et laissait entrevoir une prochaine déclaration d'annexion, qui n'était que différée. Dutrou-Bornier vient à Tahiti en 1875, il est accueilli par le gouverneur comme le représentant de la France à l'Ile de Pâques. En 1881, un chef de l'Ile de Pâques, accompagné d'une vingtaine d'indigènes, est envoyé à Papeete pour demander la nomination d'un résident ; l'administration française répond qu'elle considère les indigènes de l'île comme ses protégés, mais que ses ressources ne lui permettent pas d'installer un fonctionnaire à titre permanent dans un poste si lointain. Le Chili s'est emparé en 1888 de cette île, sur laquelle le pavillon français avait flotté pendant plus de douze ans !

En mai 1889, je demandais[1] la réunion d'une conférence internationale, qui eût procédé au partage équitable et amiable des Sporades équatoriales entre la France, l'Angleterre et les États-Unis. L'Angleterre était à ce moment disposée à nous concéder une large étendue d'Océan autour de nos établissements ; elle nous eût reconnu Caroline et Flint, Penrhyn (ou Tongareva), Reirson (ou Rakahanga), Humphrey (ou Monahiki), qui étaient incontestablement nôtres ; elle y eût ajouté Suwarrow, ce qui eût porté notre autorité jusqu'en vue des Samoa, dont la possession était alors convoitée par l'Angleterre, l'Allemagne, les États-

---

[1] Voir *La Géographie,* mai et juin 1889 ; — le *Soir,* mai et juin 1889 ; — Le *Siècle,* années 1888 et 1889 ; — Les *Cahiers Coloniaux de 1889* (pages 233 à 302) ; — Les *Droits Coloniaux de la France* (pages 139 à 190).

Unis et par nous. Le Gouvernement français n'osa prendre l'initiative d'une entente ; son silence enhardit les agents britanniques, qui déclarèrent annexer Penrhyn, Reirson, Humphrey, îles à coprah ; Suwarrow, riche en perles ; Flint et Caroline furent par eux concédées à The Pacific Islands Company Limited.

La France avait pris possession, en 1859, de quatre îles parmi les Sporades septentrionales pour en exploiter le guano ; bien que ces îles aient été annexées formellement, selon les instructions impériales du 6 septembre 1858, aucune protestation officielle n'a été produite lorsque l'Angleterre s'est approprié ces îlots guanifères.

Le gouvernement français n'a pas su davantage faire valoir et défendre ses droits sur les Iles de Cook. Depuis longtemps les Anglais convoitaient la possession de cet archipel : la *Revue Britannique* le reconnaissait en novembre 1887 ; on pouvait à cette date lire dans ce recueil : « L'Angleterre convoite les Iles de Cook, bien que ces îles, par leur voisinage de Tahiti et des Tubuai, rentrent dans la sphère d'influence de la France. » Ainsi averti, le Gouvernement français eût dû se hâter de prendre les mesures conservatoires ; il est vrai qu'en 1882, le gouverneur des Établissements français de l'Océanie, le capitaine de vaisseau Dorlodot des Essarts, avait assuré le ministre que notre situation lui paraissait si bien établie aux Iles de Cook que l'envoi d'un résident lui paraissait inutile. Les précautions, qui pouvaient paraître inutiles en 1882, eussent été nécessaires en 1888. J'indiquais à cette époque, en juillet 1888, la situation politique de l'archipel : « Depuis 1821 et 1823, les pasteurs protestants se sont rendus maîtres

écoutés dans les Cook ; apôtres de la politique
anglaise, ces pasteurs ne prêchent que contre le diable
et les Français. Malgré eux, la France compte de
nombreux partisans aux Iles de Cook ; son protectorat
a été imploré à différentes reprises : pourquoi la
France n'a-t-elle pas répondu par l'envoi d'un représentant officiel ? J'ai entendu dire au Ministère de la
Marine : Nous n'avons pas d'argent pour cela ! A-t-on
eu besoin d'argent pour organiser le protectorat de
l'Ile Rapa ? On a détaché un gendarme auquel on a
délégué tous les pouvoirs : ce gendarme suffit, et il
ne pèse pas lourdement sur le budget. » En septembre, j'insistais, dans la suite de mes articles, sur
le caractère grave des intrigues anglaises et sur le
péril qui menaçait nos établissements ; je concluais :
« Qui restera maîtresse aux Cook, de la France ou de
l'Angleterre ? Serons-nous encore obligés d'acheter la
reconnaissance de notre droit par l'abandon d'un
lambeau de notre domaine colonial, comme dans la
solution de Raiatea, ou par un partage, comme il fut
fait l'année dernière lorsqu'un agent anglais fit naître
la question de Doungareta vers Obock ? Au sujet des
Iles de Cook, aucune faiblesse, aucune transaction
n'est admissible. Nos cinq archipels de l'Océanie
constituent un domaine compact ; le laisser mor-
celer, permettre à un ennemi d'ouvrir une brèche au
cœur de ce patrimoine serait compromettre, serait
anéantir l'avenir de notre colonie océanienne, qui,
par sa situation dans le Pacifique, son climat, sa
richesse et sa variété de production, est une de nos
plus belles possessions. » J'ajoute en octobre : « Déjà
importantes par leur commerce avec Tahiti, qui
dépassait, sans avoir été ni organisé, ni dirigé, ni

favorisé, ni protégé, le chiffre, respectable pour ses débuts, de 300.000 fr., les Iles de Cook, par suite, ont une valeur coloniale indéniable. Abandonner ce débouché, bien qu'il soit modeste avec ses 7.000 consommateurs, serait trahir les intérêts du commerce français, qui se trouve déjà dans une situation suffisamment alarmante. On pourra demander au sous-secrétaire d'État des Colonies quelles ordres il avait données au gouverneur de Tahiti avant les derniers événements pour confirmer et exécuter les instructions déjà si précises de 1883, quelles sont les mesures conservatoires qu'il a décidées pour sauvegarder l'intégralité de l'Océanie française. » Le Ministère n'agit point ; l'Angleterre annexa les Iles de Cook.

Durant les derniers mois de 1888, je continuai à supplier le sous-secrétaire d'État des Colonies de ne pas se désintéresser des Iles de Cook. Le Ministère ne voulut pas créer une question d'Océanie : il était disposé à s'incliner devant la spoliation brutale, bien que les indigènes de Cook eussent à diverses reprises imploré son intervention. Je pris à partie, dans les grands quotidiens où j'écrivais, le sous-secrétaire d'État et le Ministre des Affaires étrangères ; le Conseil des Ministres commença à s'inquiéter de l'âpreté de mes attaques ; le sous-secrétaire d'État fut obligé d'avouer à ses collègues qu'il n'avait donné aucun ordre au gouverneur de Tahiti, qu'il n'avait pris aucune mesure conservatoire, qu'il assistait impassible au démembrement du domaine français ; il fut contraint de se retirer du Ministère en donnant sa démission le 1er février 1889. Cette retraite, à laquelle mes attaques avaient obligé le sous-secrétaire d'État, était un succès personnel, qui ne pouvait me causer aucune satisfaction réelle, puisque les îles que j'eusse désiré garder à la France étaient irrévocablement perdues. Je les ai visitées en 1894 ; j'y ai vu flotter le pavillon anglais ; j'ai entendu leurs habitants me demander, à moi, pourquoi la France avait trahi leurs espérances.

Peut-être ne leur aurait-elle pas apporté le bonheur qu'ils attendaient de nous ?

Les indigènes de Tahiti ont-ils à se féliciter de s'être donnés à nous en 1880 ? Lorsque, en 1889, j'ai recueilli les vœux et les doléances des colons et des électeurs de nos diverses Colonies pour constituer les *Cahiers Coloniaux de 1889*, j'ai reçu des indigènes de Tahiti une lettre que je citerai, parce qu'elle dit les plaintes des Polynésiens français, qui sont citoyens en droit et non en fait, et parce qu'elle montre de quelle forme correcte, habile, élevée, éloquente, ils savent user pour rendre toute leur pensée, sans offenser les sentiments des maîtres de leur sol :

No te mea raa te mau taata Farani e rave i te ohipa parai te fenua o Tahiti, te tavana tomana, raatira, haava, parau na tatou, Farani te me nchenehe rahi roa, te me maitai, te me fahiahia raa o te fenua pourua, hinaro o tatou e rave mai te iora rahi o Farani, tatou te tataa i roto i te pac au no tera tiamaraa raa outou me faatata faa rearera te hanere.

Parce que, par ses hommes d'État, ses représentants à Tahiti, ses penseurs et ses écrivains, il nous avait été dit que la France est la plus libérale, la plus tolérante, la plus juste, la plus bienveillante et la plus éclairée des nations, nous nous sommes librement donnés à elle, en pleine paix, et nous avons demandé à porter ce titre si enviable de Français, inséparable, nous disait-on, de toutes les libertés, dont l'aurore a été l'année dont vous allez fêter le centenaire à Paris.

E tera te taata no te fenua

Et voilà que des étrangers,

atoa, te enemi pahoi na te
fenua rahi o Farani, haere
mai i tera mahana e i tera
mohana mai te fahapu ore
hia, faa ite na tatou teie parau :

« Tera paha te hinaroo o te
« Farani fao ore ta outou ture,
« ta outou manao, ta outou
« fenua, ta outou arii. Te
« papetito raa outou Farani,
« e aita no atu outou te taata
« no te tiamaraa. Te taata
« i muri roa ou oti t'ana
« faahaparaa parai te fenua
« Farani i pihai iho na tatou
« (o Noumea) me oaoa i muri
« ia outou, na vi oia outou i
« te mau mea raa e aita farii
« mai te me matai.

« Te faa ite na outou e
« ariana te haere mai raa i
« Tahiti mea rai te taata e
« rane raa te ohipa i ta outou
« fenua, e marira hia, nehenehe
« outou i haapu i te tarahu
« no te ahururaa rahi. Ehé !
« Hoe noa taata ruhau te
« raatira me tahito no te fenua
« (Tontino) e t'ana taata papai
« raa.

« Te mau mateinaa Farani
« te ratou taata parau raa,
« hoe ahuru te taata paruru,
« faaroo oua ta ratou peapea
« e faa ite ona tera mau peapea
« na te tomite rahi na te mau
« Fenua farani, e i ta outou
« fenua tahito Maorie, outou e
« rave te ioa o Farani e aita
« te taata meri meri outou
« hoe ahuru te Farani, ta

sans doute les ennemis de la
grande nation française, viennent journellement nous tenir
ce langage :

« Tout cela n'était qu'un
« leurre destiné à vous faire
« renoncer à vos franchises,
« à vos coutumes, à vos lois,
« à vos terres, à votre roi.
« On vous baptise Français,
« et, en fait, vous ne jouis-
« sez d'aucun des droits insé-
« parables de la qualité de
« Français. Le dernier forçat
« réhabilité de la terre fran-
« çaise la plus proche (Nou-
« méa) jouit de tous les droits
« dont vous êtes privés. Vous
« avez tout perdu et vous
« n'avez rien obtenu.

« On vous avait dit qu'une
« immigration conduirait à
« Tahiti une main-d'œuvre suf-
« fisante pour vous permettre,
« en faisant cultiver vos terres
« en friche faute de bras, d'ar-
« river à payer l'impôt écra-
« sant. Et comme immigrants
« du Tonkin, vous n'avez reçu
« qu'un vieillard, ministre dé-
« porté, accompagné de son
« secrétaire.

« Tous les départements
« français ont des manda-
« taires qui peuvent faire écou-
« ter leurs doléances, plaider
« leur cause près des grands
« conseils de la fédération
« des départements français
« (Chambre et Sénat), et voilà
« que le gouvernement de la
« France vous a exclus de
« cette fédération et de tous

« ratou manao outou te titi, i
« muri te taata erecre huarau
« no te fenua Tenegal muri te
« taata no te fenua To-Tin-
« Taina ; hoe noa ohipa outou
« nehenehe e, rave hia, tera
« pahoi te upoi raa moni no
« te ahururaa, e aita roatu te
« tai fenua horoa moni hoe
« ahuru ia outou. »

Terira raa te parau no te
taata no te fenua atoa.

Parau oe ia u Mager, afea
tatou faaroo tera mau parau e
eha to tatou manao. Teu ta
tatou parau iti.

Afea te matai no te apatoa
me puhu e te rehi haere mai
me ereere, pine pine tatou e
hiohoe vahi o te rehi . me
ninamu, i reera manao tatou
te matai no te tooa o te râ
faaore te ereere e nehenehe
tatou e hio te minamu no te
rehi.

To tatou manao e ratou
havare e afea te Farani hamani
te parau i te parau hia maira,
na ite tatou o Farani te me
maitai, o na te parau tia, te
paari; te hamani maitai, hoe
ahuru te Farani parau na tatou
i te mata mua e teie nei.

« ces conseils, et sur votre
« vieux sol maori, vous n'êtes
« pas même éligibles aux as-
« semblées locales. Français,
« par consentement volontaire
« cependant, vous êtes traités
« comme des parias, des es-
« claves, des êtres inférieurs,
« bien au-dessous des noirs
« conquis du Sénégal, des
« jaunes par la force soumis
« de la Basse-Cochinchine, et
« vous n'avez qu'un seul droit,
« celui de payer en silence un
« impôt si écrasant qu'aucun
« peuple au monde n'en paie
« un aussi fort. »

Voilà le langage que nous
tiennent journellement les
étrangers.

Tu nous demandes, Mager,
s'il est vrai que nous nous
soyons laissé émouvoir : tu
nous demandes quel est notre
sentiment. Voici notre petite
parole :

Quand le vent violent du
sud-est amoncelle des nuages,
qui cachent momentanément
le ciel, souvent un petit coin
du firmament, apparaissant
encore bleu, permet d'espérer
que le vent d'ouest dissipera
en un instant toutes ces nuées,
qui font méconnaître l'azur si
pur de la voûte céleste.

S'il n'est que trop vrai
qu'au mépris des engagements
les plus sacrés, des promesses
aient été foulées aux pieds,
des privations de droits politiques accomplies, même au
cours de ces épreuves, dures
pour notre foi robuste en la
France, nous avons pu con-

E norira tatou te taata faaroo, te vahi ninamu o te rehi, noroa no tatou te puei e tatu mafatu faarue te matau.

Farani aita havare na tatou na ite tatou ta na hanahana, ta na rahi, ta na mana, faaroo me maitai taatou, e na ite tatou te tao-tahiraa o te mau taata Farani i pihai iho te ture.

Hoe hanere matahiti, te fenua Farani parau o na te apotetoro no te tiamaraa, no te parau tia, no te au maitai raa parai te mau fenua tahito, manao tatou parai te fenua apii Farani atoa tera te apopetoro.

Te taata no te fenua atea faa ite no tatou mea rai te parau me hino i tera mahana e i tera mahana, no atu, me faateitei, mai i te mea tatou te tamari no te fenua Farani te

stater que de tout ce qu'on nous avait annoncé : l'affabilité, la tolérance et l'esprit de bienveillance de la France étaient demeurés, aussi bien avant qu'après l'annexion, tels que les représentants de cette grande nation nous les avaient dépeints.

Et voilà que cette constatation a été comme le coin du ciel bleu, qui nous a donné de nouveau un grand courage et a fortifié nos cœurs dans l'espérance.

Si une partie des qualités qu'on nous a décrites, comme inhérentes à la nation française, lui appartient véritablement, peut-être n'est-ce qu'un malentendu, qu'un nuage passager qui nous dérobe momentanément l'appréciation de l'autre partie de ces qualités françaises : la droiture, le libéralisme, l'équité, l'égalité de tous les citoyens français devant la loi.

Nous nous refusons à croire qu'un siècle après s'être proclamé l'apôtre de la liberté, du droit, de la justice et de l'égalité dans le vieux Monde, la France voudra fouler aux pieds tous ces principes et se parjurer dans le nouveau. Et c'est cet espoir qui nous fait répondre à ta lettre, ô Mager, que voici notre petite parole :

Malgré l'habileté des étrangers à nous montrer, chaque jour, tous les droits dont nous sommes réellement privés, nous sommes fiers d'être les fils d'adoption de la France matahiti 1789 Fanari tatou i te matamua, Fanari tatou mai i teie atu nei.

de 89, et, malgré ces étrangers, nous resterons Français.

Iia ora na oe, ô Mager, i te atua mau teie nei e amuri no atu.

Je te salue toi-même, ô Mager, dans le créateur et la foi, aujourd'hui et pour toujours.

Les indigènes de Tahiti ne sont pas seuls à élever des plaintes contre les actes de l'administration française. Les colons protestent et, en novembre 1898, le Conseil général des Établissements de l'Océanie, pour dégager sa propre responsabilité et laisser à l'administration le poids des conséquences de son inconcevable inertie, réclamait sa propre suppression.

Le vote du 23 novembre 1898 est venu, avec la force qui s'attache à une manifestation collective, à une décision prise par une majorité issue du suffrage universel, confirmer les termes du rapport qu'après deux mois de séjour à Tahiti, j'adressais, de Papeete, en mars 1894, au Ministre des Colonies.

Je citerai une partie du texte même de ce rapport, parce que, s'il date de quelques années, comme rien n'a été tenté pour porter remède à la situation que je signalais, il est toujours actuel :

« Jusqu'en 1861, le sol de Tahiti, comme celui de Moorea, n'était pas cultivé ; l'île, parcourue librement par les bêtes à cornes, était le domaine de quelques Anglais et de trois ou quatre éleveurs français. Le gouverneur d'alors, portant le simple titre de commandant, le capitaine de frégate Gaultier de la Richerie (1860-1864), supprime, par ordonnance du 5 août 1861, la vaine pâture dans six districts, de Mahina à Paea, et par un avis, inséré au *Messager de Tahiti*, du 15 décembre 1861, il offre, pour la première fois, des primes aux travaux agricoles, qui seront entrepris en 1862 ; par l'arrêté du 26 janvier 1863, il affecte une somme de 200.000 francs aux encouragements à l'agriculture.

« Pour coloniser, il fallait des bras : un arrêté du 30 mars 1864 autorisa l'introduction, à Tahiti, de 1.000 Chinois, et une lettre de M. de la Richerie permit, le 6 mai 1864, à la plantation anglaise de M. Soarez d'introduire en outre dans la colonie de 500 à 1.000 indigènes des îles voisines. De nombreuses plantations furent entreprises ; la plantation anglaise d'Atimaono (Soarez) donna l'exemple en plantant en coton plus de 10.000 hectares, 80 hectares en cannes à sucre, 60 hectares en pâturage, 18 hectares en taro et autres produits. Les indigènes l'imitèrent ; ils s'adonnèrent surtout au coton.

« Par arrêté du 30 juillet 1863, pour aider au développement de l'agriculture dans le pays, et vu le progrès accompli, M. de la Richerie créa une Caisse agricole chargée (§ 2) de l'achat de terrains destinés à l'établissement de colons, de leur revente ou de leur concession, de la délivrance des prix, récompenses et primes accordés par les arrêtés locaux... Autorisée (§ 3) à recevoir en dépôt toutes sommes, depuis 20 francs jusqu'à 5.000 francs, qui lui seront confiées par les colons et travailleurs... Autorisée en outre à faire aux agriculteurs (§ 5) des prêts ou avances de 2.000 francs, garantis par la terre elle-même sur bonne et valable hypothèque ou par les denrées récoltées et emmagasinées en lieu sûr.

« La Caisse agricole ne tarda pas à être autorisée à faire des achats de coton, soit en achetant les cotons à prix ferme, soit en les faisant vendre, au Havre, au compte des producteurs ; le commerce n'achetait le

coton que 0 fr. 25, la Caisse agricole en donna
1 fr. 50.

« Grâce à ces mesures, la culture s'étendit ; on
était d'ailleurs en pleine guerre d'Amérique, et la
demande de coton était active. Dans tous les districts,
des plantations apparaissaient. M. de la Richerie
avait su provoquer l'émulation entre les indigènes et
entre les districts, en faisant inscrire, à l'ordonnance
du 19 février 1863, que dans la salle de séance des
Conseils des 18 villages de Tahiti, des 4 villages de
Moorea et des autres îles du Protectorat, seraient affi-
chés l'état des cultures, le nombre approximatif des
animaux, chevaux, ânes, bœufs, moutons, chèvres,
poules de chaque habitant.

« Pour favoriser les tentatives de grande culture,
un arrêté, du 28 mai 1864, accordait à un groupe de
capitalistes, bien qu'il fût anglais, des franchises et
des garanties particulières, dans le but d'initier aux
meilleures méthodes de cultures les petits colons et
les moyens. Un jardin botanique fut créé, d'abord
sur un terrain dépendant de l'hôpital militaire (1863),
puis sur un terrain plus vaste, près de la ville de
Papeete (1864). Les enfants des écoles devinrent
des planteurs ; à chaque école fut annexé un jardin d'essai ; les instituteurs durent enseigner la culture ; le représentant de la France visitait fréquemment les plantations, félicitant les uns, stimulant les
autres.

« Quels furent les résultats de cette sage politique ?
En 1865 et 1866, fut produit et exporté plus de
2.500.000 francs de coton. Sans comprendre l'exportation de la plantation anglaise, le mouvement commercial fut de 3.000.000 de francs en 1866, 6.000.000

de francs en 1867, 7.700.000 francs en 1868. Au début de 1869, grâce aux mesures prises depuis 1863, on pouvait compter dans l'Ile de Tahiti 1.350 hectares plantés en coton, et, en tenant compte des autres cultures, la surface cultivée couvrait 3.500 hectares.

« A l'heure actuelle, l'étendue des terres cultivées à Tahiti ne dépasse guère 500 hectares (et 210 à Moorea) ; les exportations en produits du sol sont tombées dans une égale proportion.

« J'ai montré, en peu de mots, la marche ascendante ; j'indiquerai brièvement aussi les causes qui amenèrent la ruine de la colonie.

« La plantation anglaise, qui était un établissement des plus remarquables et des mieux dirigés qui se puissent voir, qui employait, en 1868, 1.331 ouvriers (Européens, Chinois ou Océaniens), qui avait jeté à Tahiti déjà un capital de 3.850.000 francs, et pour laquelle on prédisait, en 1868, une recette probable de 5.000.000 de francs par an, en coton, maïs, riz et mélasses, se trouvait, dès 1869, aux prises avec des difficultés qu'elle ne put vaincre ; ses affaires périclitaient ; en 1876, elle fut mise en faillite. L'administration fit acheter, en septembre 1876, toutes les terres de la plantation anglaise (4.385 hectares) par la Caisse agricole et les céda à une société française, sous conditions : 1º de rembourser, en dix ans, les débours de la Caisse agricole ; 2º de mettre en valeur ; 3º de ne jamais céder à des étrangers. La première clause fut exécutée ; les produits de la plantation permirent à la Société de rembourser la Caisse agricole en dix ans ; la seconde clause ne le fut pas ; les 4.385 hectares d'Atimaono et Teahupoo sont

envahis par les goyaviers ; on n'y cultive plus guère
que la canne ; encore faut-il remarquer que la surface
cultivée en cannes n'est plus que de 20 à 25 hectares,
alors qu'elle était, en 1868, de 80 hectares.

« Tant que les Anglais, de 1865 à 1869, firent de
bonnes affaires à Atimaono, ils créèrent une émulation réelle, une activité économique très favorable
aux colons français de Tahiti. Ce fut la période pros-
père de notre colonie; mais lorsque la plantation
disparut, et lorsque le domaine fut cédé, par com-
plaisance administrative, à une Société, on peut dire
sans capitaux, chaque année la production de la
plantation diminua et aujourd'hui elle est dans un tel
état qu'on la croirait abandonnée.

« Quant aux petits colons, l'administration, si libérale à leur égard en 1861, 1862, 1864, prit, dès 1865,
une mesure à eux funeste, en supprimant les primes
à la plantation et à l'exportation pour les remplacer
par de simples récompenses aux colons méritants ; le
système des primes, consacré par l'arrêté du 26 janvier 1863, ne fut jamais repris depuis 1865 ; certaines
années, furent décernés des prix ; certaines années,
l'administration se désintéressa complètement de
l'agriculture.

« Le président du Comité d'Agriculture et du
Commerce disait, le 7 août 1878 : « Il paraîtra juste
« que chacun endosse la part de responsabilité qui lui
« revient ; c'est pourquoi nous croyons devoir rappeler
« que, malgré nos avertissements, on lit au budget de
« 1878 au chapitre Encouragement à l'agriculture, le
« mot Mémoire. Mémoire ! c'est ce qu'on a accordé à
« l'agriculture, à cette mamelle de l'État, à l'élément
« travailleur et productif ; nous qui représentons ces

« producteurs vaillants et entreprenants, nous avons
« protesté et protestons contre une pareille folie. »

« **Je** lis ces mots dans un rapport sur la situation
de la colonie en 1878, adressé au commissaire de la
République par une députation de commerçants et
d'agriculteurs : « Nous sommes en 1878 au point où
« nous en étions en 1863, avec cette différence que
« le budget est quatre fois plus élevé ; en résumé la
« ruine de l'agriculture doit être attribuée au désin-
« téressement graduel qu'a montré l'administration
« depuis 1870 à tout ce qui pouvait la concerner ;
« toutes les questions qui lui ont été soumises, et de
« la solution sage desquelles dépendait son dévelop-
« pement, ont été résolues contrairement aux vrais
« intérêts de l'avenir du pays et en vue d'un intérêt
« mesquin immédiat et purement fiscal... »

« Tahiti, Moorea, les Tuamotu, les Marquises, tous
les Établissements français de l'Océanie en un mot,
ne possèdent aucune industrie. »

Après avoir montré la triste situation de nos
Établissements, — 510 hectares cultivés sur 117.000,
pas un centime d'exportation sur la France pendant
certaines années, la France ne fournissant qu'un
dixième des importations, — je proposais diverses
solutions dans mon Rapport de 1894 ; j'écrivais :

« ... Il importe de ne pas laisser inculte le sol de
nos Établissements, tout au moins de Tahiti, de
Moorea, des Marquises : la richesse d'un pays ne peut
sortir que de son sol ; revenons donc au système des
primes inaugurées en 1863 et ne craignons pas de
consacrer des sommes considérables à la mise en
valeur des terres, sans oublier que cet effort ne pourra
porter des fruits que s'il est continu... ; dès que, grâce

à d'habiles encouragements, les terres auraient été mises en valeur par leurs propriétaires aidés d'émigrants, il faut qu'un chemin de fer puisse prendre les produits et les transporter, que des vapeurs réguliers recueillent le coton, le café et les autres produits, tels que les nacres et le coprah, que ces vapeurs monopolisent l'exportation au profit de Nouméa et Marseille, afin que Nouméa et Marseille monopolisent l'importation. »

Je suis loin de croire que la situation de nos Établissements soit désespérée. L'essor de la colonie a été ouvert par une bonne administration en 1860, et, plus tard, compromise, par de mauvais administrateurs; il serait à désirer que les charges qui pèsent sur les colons (1.500.000 fr.) soient ramenées sinon au taux de 1860 (de 450.000 à 500.000 fr.), tout au moins à une moyenne en rapport avec les ressources de la fortune locale; que des mesures soient prises pour que le mouvement économique, qui a fléchi de moitié, soit ramené au chiffre de 1868, — pour que les exportations, tombées de 8 millions à 2 millions, soient relevées, — pour que l'élevage soit à nouveau pratiqué, — pour que l'administration cesse de rebuter le colon, de le traiter en ennemi.

Lorsque je compare la situation de la Nouvelle-Zélande et de Tahiti, d'une part en 1868, d'autre part en 1898, je constate que :

```
La Nouvelle-Zélande exportait en 1868 pour 100.000.000 fr.
        —                —      en 1898  —   250.000.000 —
Tahiti et nos Établissements.. en 1868  —     6.000.000 —
        —            —          en 1898  —     3.000.000 —
```

L'activité économique de nos Établissements est

tombée de moitié en trente ans, tandis que la puissance de production de nos rivaux croissait de plus du double. Les autres deviennent de jour en jour plus puissants, nous nous affaiblissons. Les autres montent, nous descendons.

Au lendemain de notre arrivée dans l'Océan Pacifique, au lendemain de notre intervention à Tahiti, un ingénieur hydrographe de la marine, Vincendon-Dumoulin, écrivait : « La France établie aux Iles de la Société ne peut manquer de faire sentir l'influence de son industrie sur les Samoa, les Tonga, les Fiji, les Salomon, la Nouvelle-Bretagne et la Nouvelle-Guinée : Tahiti, placé pour ainsi dire entre l'Europe et ces archipels, deviendra l'entrepôt de toute l'Océanie, et nos marchandises se répandront au milieu de tout l'Océan par les soins de nos colons. » C'était un beau rêve : il s'en est allé.

J'ai tenté, pour ma part, de défendre l'intégralité du domaine français ; j'ai pu réussir à faire chasser du Ministère, en 1889, l'homme indifférent et faible qui n'avait pas eu assez de volonté pour tenter de sauvegarder les intérêts français ; il n'était pas en mon pouvoir d'arracher aux ravisseurs les terres dont ils nous spolient ; j'ai cependant atteint aux limites de l'impossible, lorsque, de mon voyage de 1894, j'ai rapporté un Traité de protectorat qui doublait la superficie territoriale et la population de nos possessions océaniennes ; ce traité demeura plus de deux ans à l'étude, et lorsque le Gouvernement songea à s'en prévaloir, il était trop tard.

La France pouvait devenir une grande puissance polynésienne ; elle eût pu, par une politique plus avisée, en ne laissant pas échapper les moments favorables, ajouter à son premier domaine les Samoa et les Tonga, les Hawaii, les Fiji. Son commerce, sa marine marchande auraient trouvé dans ces archipels un élément puissant de développement et de prospérité : plus grande et plus forte serait la Patrie française.

TABLE DES MATIÈRES

TABLE DES CARTES ET GRAVURES

32.718. — Société anonyme des Imprimeries Gérardin, Versailles.